Herbert Hoffmann (Hrsg.)
Religionsfreiheit gestalten

D1724727

Herbert Hoffmann (Hrsg.)

Religionsfreiheit gestalten

Paulinus

Die Deutsche Bibliothek – CIP-Einheitsaufnahme

Religionsfreiheit gestalten / Hrsg.: Herbert Hoffmann.
1. Aufl., Trier : Paulinus, 2000
ISBN 3-7902-0242-8

INHALT

VORWORT

Nichts ist so menschenverachtend wie religiöser Fanatismus, nichts so gefährlich wie religiös begründete Machtansprüche, die sich dem Dialog entziehen. Religionskriege und Konfessionskriege haben in Europa und in der ganzen Welt sichtbare Blutspuren hinterlassen. Es ist zu wenig, dies nur anzuprangern oder zu bedauern. Vielmehr ist die Wahrnehmung und Auseinandersetzung mit dem kulturell bzw. religiös Andersartigen eine Entwicklungsaufgabe ersten Ranges. Die hier vorliegende Veröffentlichung bearbeitet sowohl historische, theologische wie rechtliche Aspekte des Menschenrechtes auf Religionsfreiheit.

Bertram Stubenrauch geht zunächst der folgenschweren Fehldeutung des »Extra ecclesiam nulla salus – außerhalb der Kirche kein Heil« nach und entfaltet die theologischen Aussagen des II. Vatikanischen Konzils zum Thema »Religionsfreiheit und Gewissensfreiheit«. Noch sind wir weit davon entfernt, die neue Verhältnisbestimmung der Kirche zu den nichtchristlichen Religionen in der Praxis einzulösen, in Deutschland vor allem im Verhältnis zu den Muslimen.

Udo Marquardt benennt in seinem Beitrag nicht nur vor uns liegende Integrationsaufgaben. Auf der Basis des Grundgesetzes, der Menschenrechte und der Konzilsaussagen weist er auch den Weg zu ihrer Lösung, prinzipiell wie praktisch. Da geht es zum Beispiel um den Bau von Moscheen in Deutschland, um Friedhöfe für Muslime, um Schächtung und islamischen Religionsunterricht.

Auch der Beitrag von *Klaus Buchenau* vom Osteuropa-Institut der Freien Universität Berlin greift ein immer noch aktuelles Thema auf, die Frage, welche Rolle die Kirchen und die Religionsgemeinschaften überhaupt in den jugoslawischen Auflösungskriegen der Jahre 1991–1999 gespielt haben. Der Autor weist nach, daß sie nicht nur Teil des Problems waren, sondern es auch noch sind. Die konkrete Ausgestaltung von Religionsfreiheit in einem multireligiösen Feld ist als grundlegende Friedensaufgabe zu begreifen. Dies gilt auch für das zusammenwachsende Europa. Buchenau rekonstruiert ferner für das orthodoxe Serbien und das katholische Kroatien die Beziehung zwischen Religion und Nation, die permanente Versuchung, Religion für politische und nationalistische Ziele und Zwecke zu instrumentalisieren. Inzwischen sind aber nach seiner Meinung sowohl die serbischen Orthodoxen wie die katholischen Kroaten zu der ernüchternden Einsicht gekommen, »daß man von nationalen Gefühlen nicht satt wird.«

Nach dem Einblick in zwei aktuelle Bewährungsfelder interreligiöser Verständigung wendet sich *Konrad Hilpert* noch einmal eher prinzipiellen Fragen zu, der Entwicklung der Menschenrechte und der Anerkennung des Menschenrechtes auf Religionsfreiheit. Die Ausführungen zur Unterscheidung von positiver und negativer Religionsfreiheit verbindet er mit der Frage, ob wir heute mehr säkulare Religionsfreiheit oder mehr Verständigung zwischen den Religionen brauchen. Hilpert geht den Wurzeln religiöser Intoleranz nach, erschließt dann aber auch Zeugnisse der frühen Kirchengeschichte, die den freien Akt des Glaubens und damit Religionsfreiheit fordern. Diese Positionen konnten sich gegenüber einer übermächtigen Inquisition nicht durchsetzen. Aggressive Intoleranz und Gewalttätigkeit hatte und hat neben religiösen immer auch politische Motive. Erst die zunehmende Trennung von Kirche und Staat, von Glaube und Politik hat der Religionsfreiheit zum Durchbruch verholfen. Mit dem Wegfall staatlicher Zwangsmaßnahmen war nun Überzeugungskraft und Glaubwürdigkeit gefragt. Aber erst im II. Vatikanischen Konzil hat sich die katholische Kirche in »Dignitatis humanae« zur Anerkennung der Religionsfreiheit durchgerungen, die im Personsein des Menschen begründet liegt. Im Hinblick auf den zunehmenden religiösen Pluralismus in unserer Gesellschaft formuliert Hilpert schließlich sieben Gestaltungsaufgaben, die allesamt auf den Willen zur Verständigung zwischen den Religionen setzen, Gestaltungsaufgaben auch für den Innenausbau des europäischen Hauses.

Die vorausgehenden theologischen und philosophischen Erörterungen hinsichtlich der Anerkennung des Grundrechtes auf Reli-

gionsfreiheit finden eine Entsprechung in dem Beitrag von Staats-
minister *Gernot Mittler* (Mainz) zum Verhältnis des säkularen
Staates zu den Religionsgemeinschaften. Die religiöse und weltanschauliche Neutralität des Staates ergibt sich zwingend aus
dem Menschenbild des Grundgesetzes und der Länderverfassung.
Aber so sehr der Staat zur weltanschaulichen Neutralität verpflichtet ist, so sehr bedarf er andererseits der Menschen und Gemeinschaften, die von ihrem Glauben her das Wohl des Einzelnen
wie das Gemeinwohl betreiben. Am Beispiel der katholischen Erwachsenenbildung und der gemeinsamen Verantwortung für Kindergärten, Krankenhäuser, Altenpflege und Fürsorge verdeutlicht
Mittler die positive Trennung von Kirche und Staat und die für
Deutschland so kennzeichnende Umsetzung des Subsidiaritätsprinzips. Eine positive Trennung von Kirche und Staat in Deutschland schließt aber ein, daß auch anderen Religionsgemeinschaften
auf der Basis des Grundgesetzes Freiheitsräume eröffnet werden.

Die vorliegenden Beiträge waren Bestandteile eines Forums der
Katholischen Akademie Trier zum Thema »Demokratie sichern –
Religionsfreiheit gestalten« im Oktober 1999. Die Veranstal-
tungsreihe zur interreligiösen Verständigung wird fortgesetzt.

Trier, im Januar 2000   Herbert Hoffmann

Außerhalb der Kirche kein Heil?

Das Zweite Vatikanische Konzil und die Religionsfreiheit

Bertram Stubenrauch

»Auch wer von der katholischen Kirche kaum mehr als ihren Namen kennt«, so wurde einmal sehr treffend bemerkt, »hat gewöhnlich irgendwann einmal gehört, sie bezeichne sich als ›alleinseligmachend‹«[1]. Dass es sich bei dieser Charakterisierung um alles andere denn ein Gerücht handelt, belegen hochoffizielle Dokumente aus der Feder konziliarer Würdenträger: Im Jahr 1442 hatten die in Florenz versammelten Magnaten der katholischen Kirche feierlich erklärt, es könne »niemand, der sich außerhalb der katholischen Kirche befindet, nicht nur keine Heiden, sondern auch keine Juden oder Häretiker oder Schismatiker, des ewigen Lebens teilhaft werden«; auf solche Menschen warte vielmehr »das ewige Feuer«, das »dem Teufel und seinen Engeln bereitet« sei[2].

Wie konnte es innerhalb des Christentums zu einem derartigen Rigorismus kommen? Und: Hat dieses Urteil – es handelt sich immerhin um einen Konzilstext – auch heute noch Geltung? Die Antwort auf diese beiden Fragen legt bereits maßgebliche Elemente frei, die dazu geführt haben, dass sich die katholische Kirche während eines Konzils des *zwanzigsten* Jahrhunderts anders besann.

---

[1] J. Ratzinger, Das neue Volk Gottes. Entwürfe zur Ekklesiologie, Düsseldorf [2]1977, 152.

[2] Dekret für die Jakobiten, in: H. Denzinger, Kompendium der Glaubensbekenntnisse und kirchlichen Lehrentscheidungen, hg. von P. Hünermann, Freiburg u. a. [37]1991, 468 (Nr. 1351). Die Diktion erfolgt übrigens mit allem Nachdruck, vgl. ebd.: »Firmiter credit, profitetur et praedicat …«.

Wie also war die kalte Schulter der Florentiner Bischofsversammlung zu erklären?

Verantwortungsbewusste Strenge

Die Überzeugung, dass der Weg zum einzig wahren Gott über dessen Mensch gewordenes Wort verlaufe und von der Kirche Jesu Christi gewiesen werde, ist zweifelsohne biblisch und war von der frühen christlichen Theologie bestätigt worden; aber der strenge verbale Zuschnitt, den diese Auffassung im Lauf der Zeit empfing, das Axiom ›Extra ecclesiam nulla salus‹, ergab sich durch eine Gedankenverschiebung, die bereits im hohen Mittelalter, etwa hundertfünfzig Jahre vor dem Florenzer Konzil, einen ersten Höhepunkt erreicht hatte. Als Papst Bonifaz VIII. das Jahr 1300 zum ›Heiligen Jahr‹ proklamierte, tat er es aus dem Bewusstsein heraus, als Oberhaupt einer Gemeinschaft zu handeln, deren Missionare die Botschaft Jesu Christi bereits allen Geschöpfen nahe gebracht hätten, sodass niemand mehr das Angebot des Heiles entbehren müsse. Sollte es dennoch zu Verweigerungen kommen, dann konnte es sich nur um eine *schuldhafte* Verweigerung handeln – und die wollte der Papst beim Namen nennen. Damit war das missionarische Wort der Kirche freilich zu einem Drohwort mutiert. Man verstand die eigene Berufung nicht mehr als die Ansage einer großen Hoffnung und dementsprechend als Ermutigung für bereits Getaufte, sondern als Urteil über *Außenstehend*e: Wer sich dem Evangelium verschließt und darum der Kirche fernbleibt, muss mit dem Schlimmsten rechnen. Die frohe Botschaft – *in* der Kirche *ist* Heil – geriet in den Bann religiöser Existenzängste und fing an, die Menschheit in zwei Teile zu zerlegen: *Außerhalb* der Kirche ist *kein* Heil und nichts als Finsternis. Vermutlich war diese Akzentverschiebung nicht ohne lautere Absicht und aufrichtige Sorge erfolgt, aber das gut Gemeinte gründete auf Missverständnissen und zog weitere Missverständnisse nach sich; am Ende stand Florenz.

Indes hatte sich, wie vorhin angedeutet, die Überzeugung vom Heilscharakter der Institution ›Kirche‹ nicht erst im Mittelalter

Gehör verschafft. In den Predigten und Katechesen der Kirchenväter stand sie im Dienst der Paränese an kirchliche ›Insider‹, um diese davon abzuhalten, aus dem Zentrum in die Peripherie abzuwandern oder die einmal gefundene Heimat leichtfertig aufzugeben. In dieser Absicht hat Bischof *Cyprian von Karthago*, ein Oberhirte des dritten Jahrhunderts, von der alleinseligmachenden Kirche gesprochen. Er tat es in einer ganz bestimmten geschichtlichen Stunde: Die Gemeinde Cyprians war blutigen Verfolgungen seitens der kaiserlichen Behörde und, als diese vorüber waren, schweren inneren Spannungen ausgesetzt gewesen und dadurch in ihrem Bestand fraglich geworden. Die Gläubigen zerstreuten oder zerstritten sich, und der Bischof sah sich gezwungen, zur Ordnung zu rufen. Dabei schärfte er seiner Gemeinde ein, dass Bedrohungen von außen wie von innen nur dann erfolgreich zu bekämpfen seien, wenn jeder Einzelne so eng wie möglich mit seinen Glaubensgeschwistern, vor allem aber mit dem Diözesanoberhaupt verbunden bleibe. Cyprian wusste, dass sich eine Glaubensgemeinschaft in dem Moment aufzulösen beginnt, in dem sie institutionell unsichtbar wird, dann aber gefährdet, was ihr von Christus her anvertraut ist. ›Extra ecclesiam nulla salus‹, das bedeutete für Cyprian: Besonders in Krisenzeiten ist der institutionelle Schutzraum ›Kirche‹ unabdingbar; die Verheißungen Jesu behalten ihre Leben spendende Kraft nur *in* der Kirche und allein für jene, die sich trotz Gegenwind noch entschiedener in ihr festmachen. Nichtchristen kamen Bischof Cyprian gar nicht in den Sinn. Seine Sorge galt denen, die bereits getauft waren, aber durch widrige Umstände in der Gefahr schwebten, ihre religiöse Sozialisation zu verlieren. Im Gang der Jahrhunderte war dieser ursprüngliche ›Sitz im Leben‹, durch den sich die Auffassung von der alleinseligmachenden Kirche unmittelbar begreiflich machen ließ, in Vergessenheit geraten. Man hatte aus pastoralen und soteriologischen Beteuerungen abstrakte Prinzipien gemacht und so das biblische Erbe in ein düsteres Licht getaucht[3].

---

[3]   Vgl. W. Beinert, Die alleinseligmachende Kirche. Oder: Wer kann gerettet werden?, in: Stimmen der Zeit 208 (1990) 75–85; 264–278.

Die Weitung des Horizonts

Um gleich vorweg neuen Missverständnissen vorzubeugen: Das Zweite Vatikanische Konzil, in den Jahren 1962–1965 durchgeführt, hat die Lehre von der alleinseligmachenden *katholischen* Kirche keineswegs aufgegeben; es vermochte aber, da nicht zuletzt die patristische Theologie verstärkte Beachtung fand, im Vergleich zur rigoristischen Auffassung des hohen und ausgehenden Mittelalters völlig neue Akzente zu setzten. Inwiefern? Wie gesagt: Auch für die Konzilsväter des zwanzigsten Jahrhunderts stehen die verschiedenen Glaubensrichtungen der Menschheit nicht einfach als gleichberechtigte Heilswege nebeneinander. Natürlich gibt es für Christinnen und Christen Heil nur in Christus, und es gibt dieses Heil nicht ohne die Kirche; dennoch kam es zu einer Wende. Denn nach konziliarer Auffassung vermittelt die Kirche das Heil Jesu Christi in einer Weise, die andere Konfessionen und andere Religionen einbezieht, ohne sie zu vereinnahmen. Oder anders ausgedrückt: Das Zweite Vatikanum hat nicht die Zentralität der Christusreligion und der römisch-katholischen Glaubensgemeinschaft, wohl aber deren *Exklusivität* aufgegeben. Es hat geltend gemacht, dass die Kirche nicht um sich selbst kreisen darf, dass sie vielmehr die eigenen Grenzen überschreiten muss, um ihren Herrn an alle Menschen freizugeben. Darum lässt sich nach konziliarer Überzeugung ein heilshafter Christusbezug auch für solche Menschen denken, die nominell weder katholisch noch christlich sind und dies auch gar nicht wollen, weil sie nach bestem Wissen und Gewissen anderen Religionen zugehören.

Die Lehre des Zweiten Vatikanums bezüglich Religionsfreiheit beruht, kurz gefasst, auf zwei fundamentalen Gedankenkreisen, denen jeweils – obwohl es, was die einzelnen Aussagen betrifft, Interferenzen gibt – zwei konziliare Dokumente entsprechen. Zunächst einmal wird, bezüglich nichtchristlicher Religionen, *soteriologisch* argumentiert. Das will sagen: Der Blick richtet sich auf die Selbstkundgabe Gottes in Jesus Christus und auf deren urkundliche Bezeugung im biblischen Schrifttum; es kommt die Reichweite der göttlichen Selbstkundgabe zum Vorschein mit ihren Konsequenzen für alle Menschen. Dieser soteriologischen Komponente tritt eine *anthropologische* Vision gegenüber; ins Zentrum des Interesses rückt das Individuum, genauer gesagt: Dessen unantastbare Dignität, die, im Gewissen zum Ausdruck kommend, theologisch gewürdigt wird. In welchen Texten lässt sich das greifen?

Der soteriologischen Grundstimmung weiß sich insbesondere das im Jahr 1965 verabschiedete Dekret über das »Verhältnis der Kirche zu den nichtchristlichen Religionen« (Nostra aetate) verpflichtet. Darin erfahren – zum ersten Mal in der Geschichte der katholischen Kirche – die nichtchristlichen Religonen insofern eine positive Würdigung, als eingestanden wird, dass sie auch als *Systeme* dazu geeignet sein können, das Heil Christi zu vermitteln. Dezidiert anthropologisch hingegen verfährt das ebenfalls im Jahr 1965 promulgierte Konzilsdokument über die Religionsfreiheit (Dignitatis humanae). Hier sind Gedanken zur Natur des Glaubensaktes, zur sozialen Verfasstheit des religiösen Individuums und zur Würde des Menschen überhaupt grundgelegt. Doch gehen wir etwas ins Detail.

Die Würde der Religionen

Die konziliare Erklärung über das Verhältnis der Kirche zu den nichtchristlichen Religionen macht mit der neutestamentlichen Aussage Ernst, Gott wolle das Heil *aller* Menschen. Entsprechend treten die großen Weltreligionen, allen voran das Judentum, in das Rampenlicht der Heilsgeschichte. Die Konzilsväter schließen vom Bekenntnis zur Vorsehung Gottes auf eine allenthalben zu beobachtende »Unruhe des menschlichen Herzens«[4], der die verschiedenen Religionen entspringen und auf die sie zugleich antworten. Da der *eine* Gott der *einen*, von ihm erschaffenen Menschheit die-

---

[4] Nostra aetate 2; zitiert nach K. Rahner – H. Vorgrimler, Kleines Konzilskompendium, Freiburg u. a. [27]1998, 356.

selbe heilvolle Zukunft versprochen habe, so wird argumentiert, hängen die großen Weltreligionen innerlich zusammen – und keine unter ihnen gilt als schlechterdings unwahr: »Von den ältesten Zeiten bis zu unseren Tagen findet sich bei den verschiedenen Völkern eine gewisse Wahrnehmung jener verborgenen Macht, die im Lauf der Welt und den Ereignissen des menschlichen Lebens gegenwärtig ist, und nicht selten findet sich auch die Anerkenntnis einer höchsten Gottheit sogar eines Vaters ... Die katholische Kirche lehnt nichts von alledem ab, was in diesen Religionen (im Judentum, im Islam, Buddhismus und Hinduismus) wahr und heilig ist. Mit aufrichtigem Ernst betrachtet sie jene Handlungs- und Lebensweisen, jene Vorschriften und Lehren, die zwar in manchem von dem abweichen, was sie selber für wahr hält und lehrt, doch nicht selten einen Strahl jener Wahrheit erkennen lassen, die alle Menschen erleuchtet«[5].

Man hat, um den religionstheologischen Ansatz von Nostra aetate zu veranschaulichen, in der theologischen Literatur ein aufschlussreiches Bild kreiert: Wie sich um einen Zwiebelkern die verschiedenen Schalen legen, so wölben sich alle christlichen *Konfessionen* und die großen nichtchristlichen *Religionen* um den einen Kern, der Jesus Christus heißt. Indes wird, aus konziliarer Sicht, allein durch die katholische Kirche die größtmögliche Nähe zu Christus ermöglicht; in ihr ist der Wahrheitsgehalt der übrigen Religionen zugleich angezeigt wie verbürgt[6]. Wohlgemerkt: Es handelt sich beim so genannten Zwiebelschalenmodell nur um ein Bild, um eine Metapher, die man nicht pressen darf, weil sie ihre Grenzen hat; die Konzilstexte selbst bemühen diesen Vergleich nicht. Aber er hilft deren Inklusivismus zu begreifen, und er zeigt, wie sehr sich die konziliare Lehre von den mittelalterlichen Verengungen unterscheidet. Außerdem hat der Vergleich eine durchaus paränetische Wirkung; denn wer die großen Religionen mitei-

---

5 Ebd.
6 Vgl. R. Bernhardt, Der Absolutheitsanspruch des Christentums. Von der Aufklärung bis zur Pluralistischen Religionstheologie, Gütersloh 1990, 116–118.

nander verbunden weiß und dann noch anerkennt, dass es auch außerhalb der Kirche Wahrheitselemente gibt, die etwas von Christus sichtbar machen und deshalb mit dem Christentum kompatibel sind, ist gehalten, fremden Religionen mit allem Respekt zu begegnen. Dazu tritt die Aufforderung, aus genuin *theologischen* Gründen mit der Entschiedenheit von Menschen, dieser oder jener Religion anzugehören, behutsamer umzugehen, als dies in den vergangenen Jahrhunderten geschehen ist. In jedem Fall: Die Friedenserklärung der katholischen Kirche gegenüber den nichtchristlichen Religionen lässt sich aus ihrer Glaubensverkündigung nicht mehr streichen. Darum hat sich das Konzil zur Religionsfreiheit ausdrücklich bekannt und ihr ein eigenes Dokument gewidmet: Dignitatis humanae.

Die Würde des Menschen

Obwohl auch in der Erklärung über die Religionsfreiheit soteriologische Hinweise und offenbarungstheologische Reflexionen nicht fehlen, steht der einzelne *Mensch* im Mittelpunkt des Interesses, der Mensch freilich in seiner religiösen Beanspruchung. Den Konzilsvätern ist nicht entgangen, dass die Gottsuche der geistbegabten Kreatur einem tiefverankerten Bedürfnis entspricht und einen grundsätzlich sozialen, öffentlichen, ja politischen Charakter besitzt. Die komplexe Struktur des menschlichen Gottesbezuges macht nach der Maßgabe von Dignitatis humanae die Würde des Menschen aus. Ihretwegen muss, wie das Dokument nahe legt, jeder Einzelne in religiösen Dingen grundsätzlich selbstbestimmt und unantastbar sein. Der Wirklichkeit des *Gewissens* kommt in diesem Zusammenhang eine ganz besondere Bedeutung zu; darauf weist übrigens nicht nur die Erklärung über die Religionsfreiheit, sondern auch die konziliare Konstitution über die Kirche (Lumen gentium) hin: »Wer nämlich das Evangelium Christi und seine Kirche ohne Schuld nicht kennt, Gott aber aus ehrlichem Herzen sucht, seinen im Anruf des Gewissens erkannten Willen unter dem Einfluss der Gnade in der Tat zu erfüllen trachtet, kann das ewige Heil erlangen«[7]. Das Konzil drückt sich völlig klar aus: Die Stimme des Gewissens kann auch außerhalb des Christentums zu Gott führen. Mit diesem Eingeständnis erfährt die Konzeption des menschlichen Gewissens freilich eine beträchtliche Erweiterung; es wird nicht mehr nur moralisch, sondern *theologisch* verstanden. Das Gewissen steigt zu einer Instanz auf, die primär nicht sittliche, sondern religiöse Weisungen einschärft. Es gibt sich, mehr noch, als jener Bereich in der menschlichen Persönlichkeit zu erkennen, in dem sich Gott seinem Geschöpf nachhaltig erschließt. Die Pastoralkonstitution des Konzils spricht sogar von einem »Heiligtum« im Menschen, von einer religiösen Intimsphäre, in der jeder Einzelne unmittelbar vor Gott steht[8]. Ohne diese Betonung »wäre das sittliche Gewissen von der tieferen Dynamik des menschlichen Bewusstseins ... abgeschnitten und als reines Gesetzeswissen missverstanden«[9]. So aber bindet es jeden Menschen an Gott, und was in diesem Dialog gleichsam von Herz zu Herz gesprochen wird, bleibt äußerer Beurteilung verschlossen; es lässt sich nur der Respekt davor einfordern. Genau dies tut das Konzil, darum geben seine Aussagen über die Religionsfreiheit keinen Anlass zum Deuteln. Wie sie – nunmehr explizit nach Nostra aetate – im Wesentlichen lauten und worauf sie hinauswollen, lässt sich zunächst mit Hilfe von drei Leitsätzen zum Ausdruck bringen:

Erstens: Die Würde des menschlichen Gewissens besteht unabhängig von einer konkreten Religion. Zweitens: Das Gewissen wirkt nicht einfach losgelöst von gesellschaftlichen und damit religiös verfassten Formen, sondern gerade *durch* sie und *in* ihnen. Und schließlich drittens: Der einzige und eigentliche Urheber wie Garant der menschlichen Gewissensfunktion ist und bleibt der Gott *Jesu Christi;* darum besteht grundsätzlich für jeden Menschen die Möglichkeit, Christus als den Sinngrund des eigenen Le-

---

[7] Lumen gentium II/16; Rahner-Vorgrimler, 141.
[8] Gaudium et spes I/16; Rahner-Vorgrimler, 462.
[9] E. Schockenhoff, Das umstrittene Gewissen. Eine theologische Grundlegung, Mainz 1990 (Grünewald Reihe), 107.

bens zu entdecken oder zumindest der Ahnung von ihm mit Hilfe einer nichtchristlichen Religion teilhaft zu werden.

Religionsfreiheit besagt sodann: Kein Mensch darf gegen sein Gewissen zu irgendeinem religiösen Bekenntnis gezwungen werden – weder von der Kirche noch vom Staat. Und positiv gewendet: Jeder Mensch hat das unveräußerliche Recht, seine Religion frei zu wählen und sie auch öffentlich auszuüben – allein für sich oder zusammen mit Gleichgesinnten. Doch hören wir die in Rom versammelten Bischöfe selbst: »Das Vatikanische Konzil erklärt, dass die menschliche Person das Recht auf religiöse Freiheit hat. Diese Freiheit besteht darin, dass alle Menschen frei sein müssen von jedem Zwang sowohl vonseiten Einzelner wie gesellschaftlicher Gruppen, wie jeglicher menschlichen Gewalt, so dass in religiösen Dingen niemand gezwungen wird, gegen sein Gewissen zu handeln, noch daran gehindert wird, privat und öffentlich, als Einzelner oder in Verbindung mit anderen – innerhalb der gebührenden Grenzen – nach seinem Gewissen zu handeln. Ferner erklärt das Konzil, das Recht auf religiöse Freiheit sei in Wahrheit auf die Würde der menschlichen Person selbst gegründet, so wie sie durch das geoffenbarte Wort Gottes und die Vernunft selbst erkannt wird. Dieses Recht der menschlichen Person auf religiöse Freiheit muss in der rechtlichen Ordnung der Gesellschaft so anerkannt werden, dass es zum bürgerlichen Recht wird«[10].

Ich hatte vorhin schon vermerkt, dass die Väter der Erklärung über die Religionsfreiheit sehr klar die *gesellschaftliche* Verfasstheit des Menschen und die damit gegebene soziale Verfasstheit seiner Religion erkannt haben. Insofern werten die anthropologischen Aussagen von Dignitatis humanae noch einmal die Religionen als solche auf. Ein konkreter Glaube lässt sich nicht von einem konkreten Menschen trennen, und das religiös aktive und bekennende Individuum lebt in aller Regel in einem Sozialgefüge, von dem es geformt und beschützt wird. Dazu noch einmal das Konzil: »Die Verwirklichung und Ausübung der Religion besteht ihrem Wesen nach vor allem in inneren, willentlichen und freien

---

[10] Dignitatis humanae (im Folgenden DH) I/2; Rahner-Vorgrimler, 662 f.

Akten, durch die sich der Mensch unmittelbar auf Gott hinordnet; Akte dieser Art können von einer rein menschlichen Gewalt weder befohlen noch verhindert werden. Die Sozialnatur des Menschen erfordert aber, dass der Mensch innere Akte der Religion nach außen zum Ausdruck bringt, mit anderen in religiösen Dingen in Gemeinschaft steht und seine Religion gemeinschaftlich bekennt«[11].

Für das Zweite Vatikanum folgt aus der Wahrnehmung des menschlichen Gewissens das Bewusstsein von der Unantastbarkeit der menschlichen Person, woraus sich konsequent die Forderung nach freier Religionsausübung ergibt. Das Recht auf Religionsfreiheit ist also vom Konzil als *Menschenrecht* genuin theologisch gefasst und entsprechend bestätigt worden.

Einschränkungen?

Hat das Konzil ob seiner Hochachtung gegenüber der menschlichen Person und deren freier, religiös motivierter Gewissensentscheidung den missionarischen Anspruch des katholischen Glaubens unterbewertet oder gar außer Acht gelassen? Es dürfte bereits deutlich geworden sein, dass dem keineswegs so ist; nach wie vor bekennt sich die katholische Kirche zur Existenz einer *einzigen* wahren Religion, und sie betont bis zur Stunde, dass diese einzige wahre Religion auf *alle* Menschen Anspruch erhebt: »Gott selbst hat dem Menschengeschlecht Kenntnis gegeben von dem Weg, auf dem die Menschen, ihm dienend, in Christus erlöst und selig werden können. Diese einzige wahre Religion, so glauben wir, ist verwirklicht in der katholischen, apostolischen Kirche, die von Jesus dem Herrn den Auftrag erhalten hat, sie unter allen Menschen zu verbreiten«[12]. Von einer Relativierung des katholischen Glaubens oder einer Liberalisierung des religiösen Gedankens kann im Blick auf das Konzil also nicht die Rede sein. Aber bemerkenswert ist

---

[11] DH I/3; Rahner-Vorgrimler, 664.
[12] DH 1; Rahner-Vorgrimler, 661 f.

doch, mit welcher Entschiedenheit man nicht nur neue Töne angeschlagen, sondern auch an die eigene Adresse die Mahnung gerichtet hat, den Anspruch der Wahrheit nachgerade im Licht der Religionsfreiheit vorzutragen. Die Verkündigung des Christus muss auf *Überzeugung* beruhen, muss eben nicht weniger als *Glauben* erwecken, von einem Glauben im vollen Sinn aber kann für das Konzil nur dann die Rede sein, wenn er ungezwungen und mit innerer Zustimmung gelebt wird. Der Glaubensakt ist »seiner Natur nach ein freier Akt, da der Mensch, von seinem Erlöser Christus losgekauft und zur Annahme an Sohnes statt durch Jesus Christus berufen, dem sich offenbarenden Gott nicht anhangen könnte, wenn er nicht, indem der Vater ihn zieht, Gott einen vernunftgemäßen und freien Glaubensgehorsam leisten würde«[13].

Um die Notwendigkeit einer feinfühligen, respektvollen und auf Überzeugung beruhenden Glaubensverkündigung herauszustreichen, argumentieren die entsprechenden Aussagen von Dignitatis humanae sehr biblisch. Es wird auf das Vorbild Christi verwiesen, der Gewalt verabscheut habe, dann auf dasjenige der Apostel, die, ihrem Meister folgend, gleichermaßen »nicht durch Zwang und durch Kunstgriffe, die des Evangeliums nicht würdig sind, sondern vor allem in der Kraft des Wortes Gottes« von der Wahrheit Zeugnis abgelegt hätten[14]. Zum Teil richten sich die Konzilsworte deutlich gegen bestimmte Praktiken der eigenen kirchlichen Vergangenheit. Das ist beispielsweise dann der Fall, wenn zusätzlich unterstrichen wird, dass es in Religionsfragen Zwang weder von innen noch von außen geben darf. Das Konzil reklamiert für jeden Menschen psychologische wie strukturelle, das heißt soziale Freiheit, weil anders weder ein religiöses Leben im Allgemeinen noch christlicher Glaube im Besonderen gedeihen kann[15]. Angesichts dieser Forderung ist jedweden Träumereien, mit Hilfe öffentlicher Repression den Katholizismus als Staatsreligion durchzusetzen, der Boden entzogen. Den ›katholischen‹ Staat gibt es fortan nicht

---

[13] DH II/10; Rahner-Vorgrimler, 669.
[14] Vgl. DH II/11–12; Rahner-Vorgrimler, 671 f.
[15] Vgl. DH I/2; Rahner-Vorgrimler 663.

mehr; Staat und Kirche bleiben grundsätzlich voneinander getrennt – was nicht bedeuten soll, beide Seiten müssten die Zusammenarbeit verweigern. Staat und Kirche werden durch die Anerkennung der individuellen Religionsfreiheit zumindest insofern zu einer Interessengemeinschaft zusammengeschmiedet, als das Menschenrecht der ungehinderten Religionsausübung auf breiter Basis zu gewährleisten ist.

Allerdings kennt das Konzil – eine abschließende Klärung – bestimmte *Grenzen*, die der freien Religionsausübung gesetzt sind. Ein Rückzieher? Nein, doch eine Klarstellung im Blick auf den humanitären Grundwasserspiegel der menschlichen Gesellschaft: Religionen genießen, auf der Grundlage individueller Gewissensentscheidungen, nur dann das Recht auf öffentliche Betätigung, wenn ihre Gepflogenheiten dem allgemeinen »Sittengesetz« entsprechen[16]. Man sollte diesen Vermerk nicht unterbewerten; schließlich gibt es Religionsformen, oder besser Verzerrungen von Religion, die aus humanitären Gründen einfach nicht tragbar sind. So kann sich niemand auf die Religionsfreiheit berufen, um dann in ihrem Namen Menschenopfer darzubringen oder Gehirnwäsche zu betreiben. Aber solche Fälle stellen Extreme dar, und die Konzilsdokumente haben nicht das Extrem im Auge, sondern den Normalfall eines religiösen Bekenntnisses und seiner öffentlichen Erscheinung. Diesbezüglich hat das Zweite Vatikanum jedenfalls einen beachtlichen Fortschritt erzielt. Bürgerliches wie kirchliches Recht gehen im Blick auf die Religionsfreiheit nunmehr den selben Weg. Mit den konziliaren Erklärungen über das Verhältnis der Kirche zu den nichtchristlichen Religionen sowie über die freie Religionsausübung hat sich der Katholizismus mit den Errungenschaften moderner Demokratie ausgesöhnt. Er hat mithin eine vergessene Dimension seiner eigenen Identität wiederentdeckt.

---

[16] DH I/7; Rahner-Vorgrimler, 667 f.

»Bedrohung Islam?«

Christen und Muslime in der Bundesrepublik Deutschland

Udo Marquardt

Hinter der Frage nach einer möglichen Bedrohung durch den Islam steht eine uralte europäische Angst, die sich bis in das achte Jahrhundert zurückverfolgen lässt. Damals wurden die Eroberungszüge der »Sarazenen« – also der Araber – als die zentrale Bedrohung des gesamten christlichen Abendlandes empfunden. 732 konnte diese Bedrohnung in Gallien mit der Schlacht bei Tours und Poitiers gestoppt werden. Spanien aber blieb in der Hand der Sarazenen. Erst 1492 gelang es Ferdinand und Isabella von Kastilien, nach achtmonatiger Belagerung, Granada zu erobern. Doch der Sieg in Spanien war keineswegs das Ende der kriegerischen Auseinandersetzung mit dem Islam. Schon 1453 hatten die Osmanen Konstantinopel erobert, 1523 und 1683 belagerten die Türken Wien. Nach der zweiten Türkenbelagerung Wiens von 1683 entwickelte sich langsam ein neues Verhältnis zwischen Europa und dem Orient.

Auf der einen Seite konnte sich der Westen politisch sicherer fühlen. Das Osmanenreich wurde im 17. und 18. Jahrhundert kontinuierlich zurückgedrängt. 1716 vertrieb Prinz Eugen die Türken aus Ungarn. Mit Napoleons Eroberung von Ägypten 1798 und der nachfolgenden Kolonialherrschaft über weite Gebiete des Vorderen Orients hatte Europa seine politische Vormachtstellung endgültig gesichert.

Auf der anderen Seite entstand mit Aufklärung und Romantik ein neues Orient- und Islambild. 1704 erschien eine französische Übersetzung der »Erzählungen von 1001 Nacht«, der bald Übersetzungen in andere europäische Sprachen folgten. 1772 und 1773 wurden in Frankfurt und Halle deutsche Übersetzungen des Koran publiziert. 1819 veröffentlichte Goethe seinen »West-östlichen Divan«. Der Orient hatte seine bedrohlichen Züge verloren; unter dem Einfluss von »1001 Nacht« und dem »West-östlichen Divan« verklärte er sich langsam zu einem exotischen Reich voller Zauber und Geheimnisse. Heinrich Heines Symbol für den Orient ist die Geliebte als wunderschöne Rose. Man schien also fertig geworden zu sein mit dem Islam. Ein Indiz dafür ist der Beginn der Orientalistik als wissenschaftliche Disziplin im 19. Jahrhundert. Islam und Orient waren fest in westlicher Hand. Man konnte den Patienten gründlich sezieren, ohne befürchten zu müssen, dass er zuckt.

Erst seit dem zweiten Golfkrieg von 1991 und dem Zerfall von Sowjetunion und Warschauer Pakt scheint sich eine neue islamische Gefahr abzuzeichnen. Das lässt sich deutlich in den Medien ablesen. Der Journalist Jakob Augstein stellte 1995 in der »Süddeutschen Zeitung« einen »nahtlosen« Feindbildwechsel fest: »Kaum ist der Kommunismus ausgetrieben, hat der Westen mit dem Islam seinen neuen Dämon.«

Tatsächlich: Die Rushdie-Affäre, die Massaker in Algerien, die Versuche des Iran im Mykonos-Prozess auf die deutsche Rechtssprechung einzuwirken, Saddam Husseins regelmäßigen Versuche, sich der Rüstungskontrolle durch die internationale Gemeinschaft zu entziehen, die türkische, immer wieder auch nach Deutschland übergreifende, Kurdenpolitik bis hin zur jüngsten Frage deutscher Waffenlieferungen an die Türkei – all das scheint die These vom Feindbild Islam zu bestätigen.

Unterschiedlichste Szenarien der Bedrohnug des Westens durch den Islam werden da entworfen: Heilige Kriege, fanatisierte Menschenmassen, die Rache des Mittelalters an der Moderne, die Rache der Religion an der Aufklärung. Entweder wird uns bald der Ölhahn zugedreht werden, oder es droht eine kulturelle »Überfremdung« durch türkische oder maghrebinische Einwanderer.

Auffällig an der Diskussion um das Feindbild Islam ist, dass der Islam dem Westen gegenübergestellt wird. Das ist gleich doppelt falsch. Zunächst bilden die Begriffe »Islam« und »Westen« kein echtes Gegensatzpaar, da sie aus jeweils verschiedenen terminologischen Bereichen stammen. Während der Begriff »Islam« der Name einer Religion ist, ist der Begriff »Westen« eine geographische Beschreibung. Zum anderen gibt es auch einen Islam im Westen. In Europa leben 6,5 Millionen Muslime, in Deutschland sind es etwa 2,5 Millionen. Rechtfertigen lässt sich die Verknüpfung der beiden Begriffe allerdings, wenn man den Westen und den Islam eher als Formen des Bewusstseins interpretiert. Dann markiert die Gegenüberstellung von Islam und Westen aus westlicher Sicht hier Rückständigkeit, Stagnation, Willkür, Irrationalität, Frauenfeindlichkeit, dort Moderne, Fortschritt, Demokratie, Ratio, Menschenrechte. Dieser Gegensatz wird oft an Bildern deutlich, die Berichte über den Islam begleiten. Eine eher traurige Berühmtheit hat hier Peter Scholl-Latours Fernsehserie »Das Schwert des Islam« erreicht. Muslime werden fast nur als fanatisierte Massen gezeigt. Ganz ähnlich die Titelstory des »Focus« vom 6. Februar 1995: »Zittern vor Allahs Kriegern«. Die Story wird begleitet von Bildern, auf denen fast nie einzelne Muslime zu sehen sind. Der Islam wird so als eine fanatisierte Menschenmasse dargestellt, der ein aufgeklärter westlicher Individualismus gegenübersteht.

Dieses Szenario lässt sich unter das Stichwort »Clash of Civilizations« – also Kampf der Kulturen – beschreiben. Das Stichwort stammt von dem Politologen Samuel Huntington. Er löste 1993 eine heftige Kontroverse aus mit seiner These, das 21. Jahrhundert werde geprägt sein vom Zusammenprall der Kulturen. Nach dem Ende des Kalten Krieges, so Huntington, werde sich die Menschheit nicht mehr auf der Basis ideologischer Gegensätze in Konflikte verstricken, sondern auf Grund kultureller Bruchstellen. Huntington nennt insgesamt sieben große Kulturkreise, zwischen denen es zu Konflikten kommen kann: den chinesischen, den islamischen, den japanischen, den hinduistischen, den lateinamerikanischen, den afrikanischen und den westlichen.[1]

Uns geht es um den Zusammenprall des islamischen und des westlichen Kulturkreises. Wie also sieht es aus, wenn sich hier in

---

[1] Vgl. Huntington, Kampf der Kulturen, Europaverlag 1997.

Deutschland die scheinbar so aufgeklärten westlichen Individualisten und die angeblich fanatisierten muslimischen Menschenmassen gegenüberstehen?

Beginnen möchte ich mit dem Beispiel der Stadt Ahlen in Westfalen. In Ahlen leben rund 55 000 Menschen, davon fast 9000 Ausländer, die überwiegend aus der Türkei stammen. Damit ist der Ausländeranteil in Ahlen fast doppelt so hoch wie im Bundesdurchschnitt.

Der größte Teil der türkischen Muslime lebt im so genannten »Ahlener Osten«; dort gibt es fast überwiegend billige Zechenwohnungen. Die katholische Gemeinde dort ist die St. Josef Gemeinde. Das Umfeld von St. Josef ist multireligiös. Fast gegenüber von St. Josef liegt eine evangelische Kirche. Außerdem gibt es eine syrisch-orthodoxe Gemeinde. Und schließlich drei Moscheen. Die größte unter ihnen ist die Ulu Cami Moschee der »Islamischen Vereinigung Türkischer Arbeitnehmer in und um Ahlen e. V.«. Der Verein ist der DITIB angeschlossen, also der Türkisch-Islamischen Union der Anstalt für Religion, die vom staatlichen Präsidium für religiöse Angelegenheiten in der Türkei koordiniert wird. Entsprechend handelt es sich bei dem Hoca in Ahlen um einen türkischen Staatsbeamten, der – wie fast alle Hocas der DITIB – kaum Deutsch spricht.

Seit 1979 gibt es regelmäßige Begegnungen von Christen und Muslimen. 1986 wurde sogar eine Reihe von gemeinsamen Meditationen gestartet, die bis heute fortgeführt wird, und an der auch die evangelische Gemeinde beteiligt ist. Die Meditationen werden regelmäßig alle zwei Jahre aus Anlass eines Stadtteilfestes durchgeführt. Themen solcher Meditationen sind zum Beispiel Abraham, Adam (alle Menschen sind Geschwister), die Zukunft der Zeche oder die Frage, wie Gott Gewalt zulassen kann.

Das Miteinander von Christen und Muslimen ist vor allen Dingen an praktischen Fragen ausgerichtet. Es sind Fragen des gemeinsamen Lebens, die das Miteinander bestimmen. So geht es bei Veranstaltungen zum Beispiel um die Zukunft der Ahlener Zeche. Einen entsprechend geringen Stellenwert hat die theologische Reflexion des Dialogs.

Trotz der scheinbaren Normalität: Auch in Ahlen ist das Miteinander von Christen und Muslimen nicht frei von Spannungen. Ein besonderes Problem stellt seit einigen Jahren ein Antrag auf Genehmigung des freitäglichen Gebetsrufes vom Minarett der Moschee dar. Der Ruf sollte mit Hilfe einer Verstärkeranlage ausgestrahlt werden. Die Stadtverwaltung hatte dem Antrag auch zunächst stattgegeben. Die Genehmigung wurde dann zurückgezogen, als sich das Ordnungsamt mit Verweis auf das Landesimmissionsschutzgesetz, Paragraph zehn, einschaltete. Das Gesetz besagt, dass Geräte, die der Schallwiedergabe dienen, nur so laut sein dürfen, dass sie niemanden stören. So gibt es etwa einen Richtwert für Kirchenglocken, der besagt, dass 85 Dezibel nicht überschritten werden dürfen. Dieser Streit um den Gebetsruf ist in Ahlen ein regelrechtes Symbol für die allgemeinen Spannungen zwischen Deutschen und Türken geworden.

Den Türken gilt die Genehmigung des Rufes als Zeichen für den Grad ihrer Akzeptanz. Für die Deutschen dagegen zeigt sich daran, dass sich die Türken immer mehr in Ahlen breit machen wollen. Entsprechend geht es in dem Streit um wesentlich mehr als nur den Gebetsruf. Viele der Probleme des »Ahlener Ostens« werden in der öffentlichen Diskussion »den Türken« angelastet, das Spektrum reicht vom nicht beseitigten Müll über Falschparken bis zur Raserei in verkehrsberuhigten Zonen.

Der Streit um die Ahlener Moschee ist kein Einzelfall in Deutschland. Streit gibt es immer dann, wenn eine klassische Moschee mit Kuppel und Minarett gebaut werden soll. Bislang gibt es nur ein gutes Dutzend solcher Moscheen in Deutschland. Sie sind die weithin sichtbaren Zeichen für die dauerhafte Präsenz des Islam bei uns.

Der Streit um den Bau einer Moschee steht exemplarisch für ein ganzes Bündel von Problemen, welches Christen und Muslime miteinander haben. Lassen Sie mich einige davon kurz anreißen:

Es ist den Muslimen vom Koran vorgeschrieben, nur geschächtetes Fleisch zu essen. Aber das Schächten ist in Deutschland verboten.

Immer noch müssen türkische Familien ihre Verstorbenen in die

Heimat überführen, da es in Deutschland kaum Friedhöfe gibt, auf denen nach ihren Vorschriften bestattet werden kann.

Das Spektrum der Probleme reicht weiter von der Anerkennung als Körperschaft des öffentlichen Rechts, um so den christlichen Kirchen rechtlich gleichgestellt zu werden, bis hin zur Feiertagsregelung, dem Religionsunterricht und dem Sportunterricht für Mädchen in der Schule.

Grundsätzlich ist es kaum zu erwarten, dass die Integration der Muslime in die deutsche Gesellschaft problemlos verläuft. Die Überzeugung der Muslime, der idealen Gesellschaft anzugehören, steht in scharfem Kontrast zu der Tatsache, in Deutschland als Bürger zweiter Klasse behandelt zu werden. Zudem hat der Muslim die religiöse Pflicht, an seinen Taten als Muslim erkennbar zu sein. Aber die Versuche, entsprechende Taten zu setzen, stoßen in der Öffentlichkeit auf Widerstand: Sei es das einfache Tragen eines Kopftuches, das regelmäßige Gebet oder der Bau einer Moschee. Glaube wird in der säkularen Gesellschaft als Privatsache verstanden, eine Vorstellung, die dem Islam völlig fremd ist.

Vor allem die türkischen Muslime müssen die Gesellschaft, in der sie leben, kaum noch zur Kenntnis nehmen. Es gibt in Deutschland ungefähr ein Dutzend türkischer Zeitungen; allein die Tageszeitung Hürriyet hat eine Auflagenhöhe von über 100 000 Stück. Versandhäuser wie der »Omar Faruk Versand« verkaufen türkische Produkte vom Tee bis zum Videospielfilm. Die meistem Türken sind an das Kabelnetz angeschlossen, da dort der öffentlich-rechtliche Sender »TRT-International« aus der Türkei zu empfangen ist. Über Satellit werden zusätzlich drei türkische Privatsender angeboten.

Es gibt ganz eindeutig eine Tendenz, sich aus der deutschen Gesellschaft zurückzuziehen. Gerade deshalb kommt der Religion eine besondere Bedeutung bei der friedlichen Integration der Muslime zu. Denn zum Teil ist es übrigens auch die Religion, die diesen Rückzug unterstützt. Gerade jungen Muslimen der zweiten und dritten Generation dient der Glaube oft als Identifikationspunkt. Denn in Deutschland sind diese Jugendlichen weiterhin »Kanaken«, in der Türkei aber gelten sie als Deutschländer. Echte

Türken jedenfalls sind sie nicht mehr. Dazu beherrschen sie auch die Sprache nur noch mangelhaft. So zwischen allen Stühlen wird die Religion oft zum rettenden Ausweg. Wenn man kein Deutscher oder Türke mehr sein kann, dann möchte man wenigstens Muslim sein. Das machen sich zum Teil leider gerade die – vorsichtig gesagt – stark konservativen islamischen Organisationen zunutze. Die Konsequenz davon ist eine noch weitere Abkehr, ja oft sogar gewaltsame Ablehnung, der deutschen Gesellschaft.

Es wird also gleich doppelt deutlich, dass die Religion der Dreh- und Angelpunkt bei der Integration der Muslime in unsere Gesellschaft ist. Was also ist zu tun, dass Christen und Muslime in Deutschland friedlich und versöhnt miteinander leben können? Zunächst gilt es, einige sehr handfeste Probleme zu lösen, um das Gespräch miteinander überhaupt erst möglich zu machen.

Immer noch behindern Sprachprobleme das Gespräch zwischen Christen und Muslimen. Vor allem die türkischen Migranten der ersten Generation sprechen kaum oder nur mangelhaft Deutsch. Gleiches gilt für viele Frauen, die kaum aus ihrem häuslichen Bereich herauskommen, weshalb für sie weder eine Gelegenheit noch ein Anreiz besteht, überhaupt Deutsch zu lernen. Zugleich können immer noch viele Frauen nicht lesen und schreiben. Damit verdoppeln sich ihre Schwierigkeiten, eine fremde Sprache zu lernen. Die fehlenden Sprach- und Schriftkenntnisse lassen schon eine Fahrt in die Stadt zu einem unüberwindlichen Hindernis werden. Öffentliche Verkehrsmittel können nicht benutzt werden, der Einkauf im Supermarkt oder der Besuch beim Arzt ist fast unmöglich. Die Sprachprobleme bei den Migranten behindern Dialog und Integration nicht nur »technisch«, sie führen auch zu Unterlegenheitsgefühlen gegenüber den Deutschen, woraus sich auch eine Zurückhaltung gegenüber dem Dialog ergibt. In der Begegnung zwischen Christen und Muslimen ist es zudem problematisch, dass nur wenige islamische Vorbeter Deutsch sprechen. Das liegt vor allem daran, dass in der großen Mehrzahl der zur DITIB gehörenden Moscheen die Hocas vom »Präsidium für Religiöse Angelegenheiten« der Türkei kommen; es handelt sich also um türkische Staatsbeamte. Die überwiegende Mehrheit von ihnen spricht kein

Deutsch. Gespräche über Christentum und Islam, bei denen der Hoca als kompetenter Ansprechpartner für Fragen über den Islam zur Verfügung stehen könnte, sind so nicht möglich. Grundsätzlich führen Schwierigkeiten mit der Sprache des Gastlandes zu einer Ghettobildung. Zusätzlich verringert die immer stärker werdene Präsenz vor allem türkischer Medien – von der Zeitung bis zum Fernsehn – den Anreiz, Deutsch zu lernen.

Auch soziale Unterlegenheitsgefühle erschweren den Umgang miteinander. Die schulische und berufliche Qualifikation der ausländischen Arbeitnehmer der ersten Generation ist häufig nur gering. Daher sind sie überwiegend als ungelernte oder angelernte Arbeitskräfte tätig. Die Ausbildung der Jugendlichen aus der zweiten und dritten Generation wird nur langsam besser; 1991 besuchten nur 8,1% aller schulpflichtigen ausländischen Kinder die Realschule, auf dem Gymnasium waren es sogar nur 5,1%. Während es auf ausländisch-muslimischer Seite diese Unterlegenheitsgefühle sind, die vielen den Mut zu einer persönlichen Begegnung nehmen, sind es auf deutsch-christlicher Seite oft entsprechende Überlegenheitsgefühle, die eine Begegnung überflüssig oder sogar gefährlich erscheinen lassen. Doch auch auf deutscher bzw. christlicher Seite lassen sich Unsicherheiten ausmachen. Religion und Glaube wird immer mehr zur Privatangelegenheit. Das erschwert den öffentlichen Austausch über den eigenen Glauben, zumal er oft mit dem Gefühl verbunden ist, man könne nur noch als Theologe, als Spezialist etwas zu seiner Religion sagen. Hier spielt sicher bei vielen Christen die Angst mit, dass man sich überfordert fühlt, an seinem Handeln von außen als Christ erkennbar zu sein, während der Muslim diesen Identitätsbeweis selbstverständlich erbringt.

Eine enorme Behinderung für den Dialog stellt schließlich die grundsätzliche Tatsache dar, dass die zahlreichen islamischen Organisationen nur eine Minderheit der Muslime in Deutschland erreichen und vertreten. Schätzungsweise sind keine 20% aller in Deutschland lebenden Muslime in einer islamischen Organisation. Es gibt kaum eine Möglichkeit, die nicht-organisierten Muslime in den Dialog einzubinden. Dem steht auf christlicher Seite die Tatsache gegenüber, dass die Gemeindearbeit auch nur eine Minderheit der Christen erreicht.

Die Kernprobleme für das Zusammenleben von Christen und Muslimen aber sind Sprache und sozialer Status nicht. Die Kernprobleme lauten: Religionsfreiheit und Chancengleichheit. Konkret: Wenn das Zusammenleben von Christen und Muslimen gelingen soll, müssen zunächst wir Christen als Bevölkerungsmehrheit mit den Menschenrechten und unserem eigenen Grundgesetz Ernst machen. Religionsfreiheit und Chancengleichheit müssen in vollem Umfang verwirklicht werden.

Dabei meine ich nicht, dass die rechtlichen Vorgaben unseres Grundgesetzes verändert werden müssten. Vielmehr klafft zwischen den rechtlichen Vorgaben und der Wirklichkeit eine Lücke. So fehlt es zum Beispiel in weiten Bevölkerungskreisen am Bewusstsein, dass ein Ja zur Religionsfreiheit, wie es im Grundgesetz festgeschrieben ist, notwendig auch ein Ja zu einer multireligiösen Gesellschaft bedeutet. Wir müssen uns also fragen, wie eine entsprechende Bewusstseinsbildung bei der deutschen Bevölkerung geleistet und daraus resultierende Konflikte verhindert bzw. gelöst werden können.

Die Aufgabe eines friedlichen Zusammenlebens mit den Muslimen verlangt von den Christen in der Bundesrepublik, dass sie die im Land lebenden Muslime in ihren Bemühungen unterstützen, volle Religionsfreiheit und Chancengleichheit zu erlangen. Das berührt eine ganze Reihe von Punkten: das Wohnen, den Moscheebau, islamische Friedhöfe, den islamischen Religionsunterricht an den Schulen, den Islam als Körperschaft des öffentlichen Rechtes und das Schächten. Auf vier Punkte möchte ich näher eingehen: auf den Moscheebau, die islamischen Friedhöfe, das Schächten und den Religionsunterricht.

Moscheebau

In Deutschland existieren zurzeit rund 2000 Moscheen. Die meisten von ihnen sind in ehemaligen Lager- und Fabrikhallen sowie in normalen Wohnhäusern untergebracht. Von außen sieht man ihnen ihre Funktion kaum an.

Es ist bezeichnend, dass diese Moscheen von den Behörden meist vorbehaltlos genehmigt wurden und werden. Auch von Seiten der Anwohner erfahren die muslimischen Gemeinden kaum Widerstand. Mit zunehmender Verweildauer wuchs und wächst bei vielen in Deutschland lebenden Muslimen der Wunsch nach einer im klassischen Stil gebauten Moschee mit Kuppel und Minarett.

Solche Bauvorhaben stoßen fast überall auf Widerstand. Streitpunkte sind zunächst die Höhe des Minaretts und der Ruf des Muezzin, der von vielen Anwohnern als Belästigung abgelehnt wird. So musste zum Beispiel in Pforzheim nach einem langen Streit in der Öffentlichkeit das Minarett der Fatih-Cami-Moschee von geplanten 39 Metern auf 26 Meter gestutzt werden.[2]

Weiterhin bestehen Befürchtungen, eine Moschee habe eine Sogwirkung auf muslimische (besonders türkische) Geschäftsleute, die mit ihren im Umfeld der Moschee angesiedelten Geschäften Muslime bzw. Türken in das Viertel ziehen.

Probleme bereitet auch der Zustrom der Muslime zum Freitagsgebet. Das führe, so wird argumentiert, zu Parkplatzmangel und Lärmbelästigungen. Allgemein wird der Bau einer Moschee von vielen Anwohnern und Nachbarn als Verschlechterung ihrer Wohnqualität empfunden.[3]

Sorge besteht um die Verbindung der die Moschee tragenden Vereine mit politischen Parteien der Herkunftsländer der Muslime. Für viele Deutsche sind Moscheen »Brutstätten des Fundamentalismus und der Frauenunterdrückung«.

Grundsätzlich bestehen kaum Differenzen über die Frage, ob Moscheen in Deutschland gebaut werden dürfen. Moscheen sind religiöse Kultgebäude. Im Rahmen der Rechte auf Kult- und Ver-

---

[2] Vgl. dazu Udo Marquardt: Bedrohung Islam? Christen und Muslime in der Bundesrepublik Deutschland; Schriftenreihe Gerechtigkeit und Frieden der Deutschen Kommission Justitia et Pax, Arbeitspapier 72, Bonn 1996, S. 66–74.
[3] Vgl. Marquardt, a. a. O. S. 36–46 und 47–58.

sammlungsfreiheit ist ihr Bau also voll und ganz rechtens und entsprechend problemlos.

Fraglich ist meist, in welcher Bauweise und an welchem Ort eine Moschee entstehen darf. Dies betrifft fast ausschließlich den Neubau von Moscheen klassischen Typs mit Kuppel und Minarett.

Hier unterliegt die Baugenehmigung den allgemeinen Bauleitplänen. Es sind also Vorgaben über die Erhaltung des Orts- und Landschaftsbildes, der allgemeinen Entwicklung des betreffenden Ortsteils, Denkmalschutz etc. zu berücksichtigen. Dies gilt allerdings nicht allein für den Bau einer Moschee, sondern grundsätzlich für jedes neu zu errichtende Gebäude.

Diese Bestimmungen machen deutlich, warum der Umbau eines bestehenden Gebäudes in eine Moschee meist deutlich weniger Probleme bereitet, denn in einem solchen Fall greifen die Vorgaben durch die Bauleitpläne natürlich nicht, da sie schon eingelöst sind.

Zu fordern ist hier grundsätzlich die Gleichbehandlung der muslimischen Gemeinden und Vereine mit anderen Bauträgern. Die Höhe eines Minaretts darf nicht von der Höhe des höchsten Kirchturms im Ort abhängig gemacht werden, sondern muss objektiv und ohne Ansehen der Person durch die Bauleitpläne bzw. die örtlichen Behörden geregelt werden. Von den Muslimen darf erwartet werden, dass sie diese Vorgaben akzeptieren und nicht als Diskriminierung begreifen.

Bezüglich der Standortfrage einer Moschee kommen meist einander widersprechende Interessen ins Spiel. Aus Gründen der Gemeindeanbindung ist es sinnvoll, eine Moschee dort anzusiedeln, wo auch die meisten Muslime leben. Dies sind jedoch oft Wohngebiete von nur geringer Wohnqualität. Dem steht der Wunsch der Muslime gegenüber, eine repräsentative Moschee zu errichten, also auch eine Moschee in einem ansprechenden Umfeld. Dies führt dann wiederum zu Spannungen mit den deutschen Anwohnern, die durch den Bau der Moschee eine Verschlechterung ihrer Wohnqualität befürchten. Zudem stellt eine wirklich repräsentative Moschee für die Muslime mehr dar, als nur einen Gebetsraum. Sie ist ein kultureller, religiöser, politischer und ethnischer Treffpunkt mit Räumen für Koranschulungen, Bibliothek, Teestube, Jugendzentrum, Aufenthaltsräumen, Geschäften etc.

In einem Streitfall gilt es, die verschiedenen Interessen sorgfältig gegeneinander abzuwägen. Die Muslime müssen prüfen, inwieweit eine Moschee, die zwar in einem ansprechenden Ortsteil liegt, aber vielleicht weit ab von den Wohnorten der meisten Muslime, ihre Funktion als Gemeindezentrum wirklich erfüllen kann. Zugleich sollten sie die Befürchtungen der Anwohner ernst nehmen. Es kann nicht im Interesse der Muslime sein, ihr Gotteshaus gegen den Protest der Nachbarn zu bauen.

Auf deutscher Seite gilt es, deutlich zu sehen, dass die Muslime im Rahmen von Religions- und Kultfreiheit das volle Recht haben, eine Moschee zu bauen. Hier ist Informations- und Aufklärungsarbeit von Seiten der Behörden und Kirchen gefragt.

Schließlich empfiehlt es sich, gemeinsam über alle anstehenden Fragen und Ängste zu sprechen. Denkbar ist, dass die ansässigen Gemeindepfarrer zusammen mit dem Imam der Moschee zu einem Treffen von Muslimen und Anwohnern einladen, um gleichsam am »runden Tisch« miteinander zu diskutieren. So besteht die Möglichkeit, über den geplanten Bau und das Leben in und um eine Moschee zu informieren, was dazu beitragen kann, Ängste und Vorurteile abzubauen. Gleichzeitig können die Muslime erste Kontakte zu ihren neuen Nachbarn knüpfen, und gegebenenfalls auch auf deren Wünsche eingehen. Das bietet auch Gelegenheit, die Ängste bezüglich einer Moschee als »Brutstätte des Fundamentalismus« abzubauen.

Je transparenter die Muslime ihr Bauvorhaben machen, umso weniger Nährboden finden entsprechende Befürchtungen. Es darf erwartet werden, dass ein persönliches Kennenlernen beitragen kann, viele Probleme »vom Tisch zu bringen«.

In jedem Falle sollte das Reden übereinander vermieden werden. Dies stärkt Vorurteile auf beiden Seiten und verhärtet die Fronten.

Empfehlenswert ist die Einrichtung einer ständigen Vermittlungsstelle. Sie kann nicht nur helfen, die Fronten im Bau um die Moschee zu entschärfen, sie kann als eine ständige Institution auch bei zukünftigen Spannungen für Information und Deeskalation sorgen. Eine solche Vermittlungsstelle könnte zum Beispiel in Form einer christlich-islamischen Gesellschaft organisiert sein.

Auch bei der Frage des Gebetsrufes vom Minarett gilt grundsätzlich, dass die Muslime dazu im Rahmen der Religionsfreiheit ein gutes Recht haben, solange die Auflagen des Lärmschutzes beachtet werden. Von den Behörden darf erwartet werden, dass sie dieses Recht akzeptieren. Es ist kaum einsehbar, dass der Gebetsruf (wie zum Beispiel in Pforzheim) mit Hinweis auf eine mögliche Lärmbelästigung und die daraus resultierende mögliche Ablenkung von Autofahrern abgelehnt wird. Vielmehr ist zu prüfen, ob sich die Lautstärke eines Gebetsrufes im Rahmen gesetzlicher Bestimmungen bewegt. So besagt etwa ein Richtwert für Kirchenglocken, dass 85 Dezibel nicht überschritten werden dürfen.

Für viele Deutsche ist der Ruf vom Minarett fremd. Sie kennen seine Bedeutung nicht und der Klang ist ungewohnt. Entsprechend wird leicht das Gefühl aufkommen, fremd im eigenen Land zu werden. Das kann latent vorhandene Antipathien gegen die Moschee und die Muslime nur schüren und verstärken.

Von den Muslimen darf ein entsprechendes Fingerspitzengefühl und auch ein gewisses Verständnis für die Ängste der deutschen Bevölkerung erwartet werden. So sollten sie darüber nachdenken, mit dem Ruf zunächst vielleicht nur an hohen Feiertagen zum Gebet einzuladen. Und das sollte nicht ohne vorherigen Hinweis an die Anwohner geschehen. Dabei könnten sie zugleich informiert werden, was der Ruf bedeutet. Auch hier empfiehlt sich bei Streitfragen und Klagen der Anwohner die Organisation eines runden Tisches.

Grundsätzlich gilt, dass der Bau von Moscheen eine Folge der im Grundgesetz festgeschriebenen Religionsfreiheit ist. Als solcher ist er also zu bejahen und auch im Rahmen der Gesetze zu unterstützen. Von den Behörden darf dabei strenge Objektivität und menschliches Augenmaß erwartet werden; von der betroffenen Bevölkerung zumindest Offenheit. Und die Muslime sollten Verständnis dafür aufbringen, dass ihr Wunsch nach einer Moschee für viele Christen/Deutsche eine Provokation darstellt, die ihnen das Gefühl vermittelt, fremd im eigenen Land zu sein. Insofern sollten sie sich, wenn es denn nötig ist, eher um eine Politik der kleinen Schritte bemühen, denn um eine gerichtliche Klärung. Eine Politik der kleinen Schritte besteht vor allem im Gespräch miteinander. Wenn es Christen und Muslimen gelingt, miteinander statt übereinander zu reden, ist der erste Schritt zum Frieden getan.

Friedhöfe

Ein zentrales Problem im Leben der islamischen Gemeinden in Deutschland stellt die Bestattung ihrer Toten dar. Zunächst war es meist üblich, die Verstorbenen zur Bestattung in die Heimat zu überführen. Dies wurde vor allem von den in Deutschland lebenden Türken praktiziert. Abgesehen davon, dass eine solche Überführung sehr teuer ist, wuchs bei den meisten Muslimen mit steigender Verweildauer in Deutschland der Wunsch, ihre Toten in ihrer Nähe zu bestatten, also in Deutschland.

In seinem Buch »Islam für das Gespräch mit Christen« schreibt der deutsche Muslim Muhammad Salim Abdullah: »Auch für Moslems gilt, dass Heimat nur dort ist, wo man tiefe Wurzeln geschlagen hat – und dazu gehört unzweifelhaft, dass die Toten in dieser Erde ruhen, dort, wo die Lebenden wohnen, arbeiten und ihre Zukunft suchen. Die Toten sind es, die diese Bindung erzeugen.«[4]

Damit stellte und stellt sich die Frage nach den Möglichkeiten, Verstorbene den islamischen Bestattungsriten gemäß zu beerdigen. Bestattungen auf deutschen und damit christlich geprägten Friedhöfen entsprechen nicht den Anforderungen, die der Islam anlegt. Zudem gibt es wesentliche Unterschiede zwischen der christlichen und islamischen Friedhofskultur.

Zunächst einige Bemerkungen zu den islamischen Friedhöfen.

---

[4] Muhammad Salim Abdullah: Islam für das Gespräch mit Christen, Gütersloh 1992, S. 101.

Wenn möglich sollte der Friedhof außerhalb der Städte und Gemeinden liegen. Er darf keine Ornamente oder Statuen aus Schmiedeeisen enthalten. Die Gräber werden so ausgehoben, dass sie parallel zu Mekka liegen. Der Kopf des Toten weist nach Westen, die Füße entsprechend nach Osten.

Ich zitiere noch einmal Abdullah: »Der Friedhof ist für die islamische Gemeinde aber nicht nur Bestattungsplatz, sondern auch der Ort, an dem die Toten angesichts der Ka'ba zu Mekka der Auferstehung harren. Die Qibla, nach der die Toten ausgerichtet sind, ist auch die Qibla der Lebenden. Sie hält die Gemeinschaft zusammen und erweist sich als das einigende Band, das sowohl die umschließt, die dahingegangen sind, als auch die, die zurückblieben. Die Qibla symbolisiert jedoch noch ein weiteres. Sie ist das Merkmal der Eigenständigkeit des Islam innerhalb der biblischen Tradition. Erst durch die Abwendung der Gläubigen von Jerusalem und die Erwählung Mekkas zur neuen Gebetsrichtung, wurde der Islam eine eigenständige Glaubensweise neben dem Juden- und dem Christentum.«[5]

Daraus ergibt sich, dass Muslime nicht auf christlichen Friedhöfen bestattet werden sollten, bzw. aus islamischer Sicht nicht auf ihnen bestattet werden dürfen. Weiterhin sollten die Gräber – wenn irgend möglich – auf ewig angelegt sein.

Dieser Ewigkeitswert der Friedhöfe ist jedoch nicht unbedingt gegeben. Ein Grab darf eingeebnet werden wenn sicher ist, dass die Leiche ganz verwest ist. In jedem Falle aber sollte es möglich sein, dass die Enkel des Verstorbenen das Grab noch besuchen können. Weiterhin besteht die Möglichkeit, die Toten auch übereinander zu bestatten, wenn Platzmangel dies nötig macht.

Zu den islamischen Bestattungsriten gehört die Totenwaschung. Wünschenswert bei der Einrichtung islamischer Friedhöfe wäre entsprechend der Bau einer kleinen Friedhofsmoschee, in der die rituellen Waschungen und die Totengebete vollzogen werden können.

Traditionell werden die Verstorbenen zur Bestattung in ein wei-

---

[5] Abdullah, a.a.O., S. 99.

ßes, ungenähtes Tuch gewickelt. Das ist in Deutschland jedoch verboten. Es spricht jedoch nichts dagegen, dass auch Bestattungen in einfachen Holzsärgen möglich sind.[6]

Zunächst einmal ist wieder zu betonen, dass aus Gründen der Religions- und Kultfreiheit die Einrichtung islamischer Friedhöfe in Deutschland problemlos sein sollte. Von den Muslimen darf erwartet werden, dass sie sich an die in Deutschland bestehenden, Bestattungen und Friedhöfe betreffenden, Vorgaben halten (zum Beispiel die Bestattungen in Särgen). Diese stehen in keinem Widerspruch zum islamischen Glauben.

Ideal wäre es, den Muslimen eigene, abgeschlossene Friedhöfe zur Verfügung zu stellen. Städte und Gemeinden sollten prüfen, ob ihnen dies möglich ist, wenn Muslime mit einem solchen Ansinnen an sie herantreten. Dabei hilft vielleicht, dass islamische Friedhöfe außerhalb der Stadt liegen sollten. Entsprechende Grundstücke sind also in der Regel durchaus erschwinglich.

In vielen Fällen ist die Einrichtung eines islamischen Friedhofs jedoch nicht sinnvoll, zum Beispiel in kleineren Städten, in denen nur wenige Muslime leben. In einem solchen Fall bietet es sich an, den Muslimen auf einem der bestehenden Friedhöfe ein eigenes Gelände zur Verfügung zu stellen. Dieses Gelände sollte durch eine Hecke oder Ähnliches von den anderen Gräbern getrennt sein, ideal wäre sicherlich ein eigener Zugang. Die Frage, ob auf diesem Gelände eine kleine Friedhofsmoschee entstehen kann, ist nach Lage der jeweiligen Gegebenheiten zu entscheiden (Platz, Bauleitplan, etc.).[7]

Idealerweise wird ein solches, vom übrigen Friedhof getrenntes muslimisches Gräberfeld auf einem städtischen Friedhof zu wählen sein. Auf die Friedhöfe der ortsansässigen Kirchen sollte nur zurückgegriffen werden, wenn die Stadt oder Gemeinde über keinen eigenen Friedhof verfügt. Sollte dies der Fall sein, empfiehlt

---

[6] Zu islamischen Bestattungsriten und Friedhofskultur vgl. Abdullah, a.a.O., S. 93–101.

[7] Abdullah, a.a.O., S. 100 weist darauf hin, dass die Muslime die Finanzierung einer Friedhofsmoschee gern selbst übernähmen, »wenn sie nur Gelegenheit dazu hätten.«

sich unbedingt eine deutliche Abtrennung der muslimischen Gräber von den christlichen Gräbern, sowie ein eigener Eingang zum muslimischen Gräberfeld. Schließlich sollte bei der Wahl eines muslimischen Gräberfeldes daran gedacht werden, dass die muslimischen Gräber, wenn nicht auf ewig, so doch auf deutlich längere Zeit als die christlichen Gräber angelegt sind. Ein entsprechender Raumbedarf ist also von vornherein zu berücksichtigen.

Städte und Gemeinden, die über die Einrichtung eines islamischen Friedhofs nachdenken, sollten sich bei anstehenden Fragen bei Gemeinden informieren, die schon entsprechende Erfahrungen haben. Gute Beispiele für die Einrichtung eines islamischen Friedhofs finden sich in den Städten Ibbenbüren, Paderborn und Witten.[8]

Schächten

Eine sehr handfeste Schwierigkeit für das Leben der Muslime in Deutschland stellt das Verbot des Schächtens dar.[9] Der Koran verbietet den Muslimen den Verzehr des Fleisches von nicht geschächteten Tieren.

»Nach dem deutschen Tierschutzgesetz muss jedes Schlachttier vor dem Schlachten betäubt werden. (…) Eine Betäubung darf nur unterbleiben, wenn die zuständigen Ämter für Lebensmittelüberwachung, Tierschutz und Veterinärwesen eine schriftliche Ausnahmegenehmigung erteilt haben. Diese darf nur erteilt werden, wenn zwingende Religionsvorschriften das Schächten vorschreiben.«[10]

Gutachten von anerkannten Autoritäten haben inzwischen klargestellt, dass ein durch Elektroschock betäubtes und dann geschächtetes Tier durchaus als rein anzusehen ist. Grundsätzlich

---

[8] Zu Ibbenbüren vgl. Marquardt, a. a. O., S. 52/53.

[9] Vgl. Barbara Huber: Halal-Fleisch aus deutschen Schlachthöfen; in CIBEDO, Beiträge zum Gespräch zwischen Christen und Muslimen, 7. Jahrgang 1993, Heft 3, S. 84–86.

[10] Huber, a. a. O., S. 84/85.

scheinen die Probleme also aus dem Weg geräumt, auch wenn entsprechende Regelungen zurzeit noch von Bundesland zu Bundesland verschieden sind, da viele Muslime sich trotz entsprechender Gutachten nicht mit der Methode der Betäubung einverstanden erklären.

So wurde etwa in der vom Islamischen Zentrum München herausgegebenen Zeitung »Al-Islam Aktuell« (7/96) sogar ein Grundvertrag mit dem deutschen Staat gefordert, um die Rechtsstellung der Muslime bezüglich des Schächtens zu klären. Die Zeitschrift sieht im Verbot des Schächtens einen »Präzedenzfall« mit »schwer wiegenden Folgen für die Muslime in Deutschland«. Eine nicht muslimische Instanz schreibe Muslimen vor, wie sie ihre Religion zu verstehen und zu leben habe. Damit mische sich der Staat in die inneren Angelegenheiten einer Religionsgemeinschaft ein. Die gebotene Neutralität des Staates und das Selbstbestimmungsrecht der Muslime würden verletzt. Schließlich liege eine Ungleichbehandlung vor, da der jüdischen Glaubensgemeinschaft das Schächten von Tieren gestattet sei.[11]

Das eigentliche Problem besteht allerdings weniger auf der grundsätzlichen Ebene, sondern es betrifft den privaten Bereich. Denn das Schlachten von Opfertieren durch die Schächtung gehört als fester Bestandteil auch zu einigen hohen islamischen Feiertagen, wie zum Beispiel dem Opferfest. Hier wird im Kreis der Familie ein Tier geschächtet. Es ist kaum realistisch zu erwarten, dass die Tiere von den Muslimen erst zur Betäubung in den Schlachthof gefahren werden, um dann daheim geschächtet zu werden.

Religionsunterricht

Ein wesentliches Moment für die Integration der Muslime in die deutsche Gesellschaft unter Wahrung ihrer islamischen Identität ist der Religionsunterricht. Der »Zentralrat der Muslime in

---

[11] Vgl. die Meldung Nr. 11435 der KNA vom 5.7.1996.

Deutschland« und der »Islamrat für die Bundesrepublik« fordern seit langem die Entwicklung eines Unterrichtskonzepts, welches gleichberechtigt neben dem konfessionellen christlichen Religionsunterricht steht. Diese Forderungen müssen bislang aus verschiedenen Gründen scheitern:

a) Es fehlt an islamischen Theologen, die in deutscher Sprache unterrichten könnten.

b) Es fehlt an den Voraussetzungen zur Ausbildung solcher Pädagogen.

c) Die deutschen Stellen beklagen das Fehlen eines verbindlichen Ansprechpartners bei den Muslimen, mit dem die anfallenden Probleme eines solchen Konzepts diskutiert werden könnten.

Bislang existieren in Deutschland im Großen und Ganzen zwei Modelle eines Islamischen Religionsunterrichtes. Einmal die »religiöse Unterweisung für Schülerinnen und Schüler islamischen Glaubens« im Rahmen des Muttersprachlichen Ergänzungsunterrichts (MEU), wobei der Unterricht in Verantwortung des Bundeslandes erteilt wird. Das Land stellt die Lehrer und die Unterrichtsmaterialien zur Verfügung, so etwa in Nordrhein-Westfalen.

Das andere Modell nennt sich »Religiöse Unterweisung auf islamischer Grundlage für muslimische Schüler«. Es findet im Rahmen des von diplomatischen Vertretungen organisierten MEU statt. Diese Regelung findet in Baden-Württemberg, Berlin, Bremen, dem Saarland und Schleswig-Holstein Anwendung.[12] Dabei wird der Unterricht von Lehrern aus dem jeweiligen Herkunftsland der Schüler durchgeführt. Die deutsche Seite stellt den Schulraum zur Verfügung.

Nachteilig bei diesem Modell ist vor allem, dass der Unterricht ohne die Mitwirkung deutscher Instanzen abgehalten wird. Zudem geht er meist kaum auf die Gegebenheiten der Lebenswelt

---

[12] Petra Kappert stellt in ihrem Beitrag »Integration und Erziehung: »Religiöse islamische Unterweisung« an deutschen Regelschulen« Konzept und Genese des Islamunterrichts in Hamburg dar, in: Udo Marquardt (Hrsg.): Miteinander leben. Christen und Muslime in der Bundesrepublik Deutschland; Schriftenreihe Gerechtigkeit und Frieden der Deutschen Kommission Justitia et Pax, Arbeitspapier 77, Bonn 1996, S. 82–96.

der Schüler ein. Allein die Tatsache, dass der Unterricht in der Sprache des jeweiligen Herkunftslandes abgehalten wird, ermöglicht den ausländischen Schülern kaum, mit ihren deutschen Schulkameraden ein Gespräch über ihren Glauben zu führen. In beiden Fällen ist der Besuch des Unterrichts für die Schüler freiwillig und steht nicht gleichberechtigt neben dem christlichen Religionsunterricht.

Die Muslime in Deutschland werden sich fragen müssen, ob sie wollen, dass der Religionsunterricht für ihre Kinder tatsächlich mehr oder minder eine türkische Sache ist. Und die Mehrheit der nicht-türkischen Muslime wird das verneinen. Also werden sich letztendlich alle Muslime organisieren müssen, um eine einheitliche Vertretung in Sachen Religionsunterricht zu bekommen.

Ich denke, über kurz oder lang wird es auf einen Art »länderneutralen« islamischen Religionskundeunterricht in deutscher Sprache hinauslaufen, wie es ja auch hier in Berlin vom Türkischen Bund vorgeschlagen wurde. Denn nur so wird es möglich werden, zum Beispiel sunnitische und schiitische Kinder gemeinsam zu unterrichten.

Ein ganz andere Form der religiösen Unterweisung ist schließlich der außerschulische Koranunterricht. Er wird meist von islamischen Vereinen in den Moscheen organisiert. Diese Form des Unterrichts wird immer wieder als integrationsfeindlich kritisiert, da sie kaum auf die Lebensumstände der Kinder eingeht.[13] Zudem werden und wurden Befürchtungen laut, der Koranunterricht diene auch der politischen Beeinflussung der muslimischen Kinder durch islamische Extremisten.

Bislang existieren also keine einheitlichen Rahmenbedingungen für einen islamischen Religionsunterricht in den einzelnen Bundesländern. Zudem kommen fast nur türkische Kinder in den Genuss einer religiösen Unterweisung im Rahmen des MEU. Dabei stellen

---

[13] Zum Problem des islamischen Religionsunterrichts vgl. Türkische Muslime in NRW, a. a. O., S. 58–64; Doron Kiesel, Klaus Philipp Seif, Ulrich O. Sievering (Hrsg.): Islamunterricht an deutschen Schulen? Frankfurt a. M. 1986; Wolfgang Loschelder: Der Islam und die religionsrechtliche Ordnung des Grundgesetzes, in: Der Islam in der Bundesrepublik Deutschland, S. 149–203, bes. 168–173.

die Türken zwar mit ca. 28 Prozent zwar den weitaus größten Teil der in der Bundesrepublik lebenden Ausländer[14] und mit 76 Prozent auch den überwiegenden Anteil der Muslime,[15] aber der Anteil der muslimischen Kinder aus dem Iran, Marokko, dem ehemaligen Jugoslawien und auch aus Deutschland selbst darf dabei nicht übersehen werden.

Zunächst ist festzuhalten, dass die im Grundgesetz und in den Menschenrechten garantierte Religionsfreiheit auch das Recht der Eltern beinhaltet, »ihren Kindern die von ihnen für richtig gehaltene religiöse Erziehung zu vermitteln.«[16] Problematisch bei einem islamischen Religionsunterricht ist allerdings die Frage, inwieweit Eltern bzw. Schüler einen Rechtsanspruch auf islamischen Religionsunterricht an öffentlichen Schulen haben, bzw. »ob die Bundesländer rechtlich gehindert sind, Religionsunterricht außerhalb des Rechtsanspruchs anzubieten«,[17] den islamischen Religionsunterricht also freiwillig in den Fächerkanon aufnehmen können. Bislang sind in dieser Frage noch keine grundsätzlichen Entscheidungen gefällt worden. Eine entsprechende Prüfung in Hamburg geht davon aus, dass das Bundesland einen solchen Unterricht durchaus auf freiwilliger Basis anbieten kann.

Gemäß Grundgesetz Artikel 7, Absatz 3 ist der Religionsunterricht an den öffentlichen Schulen in Übereinstimmung mit den Grundsätzen der Religionsgemeinschaft zu erteilen. Das stellt die in Deutschland lebenden Muslime vor die Aufgabe, solche Grundsätze für den Islam zu formulieren; eine Aufgabe, die bislang nur in Ansätzen geleistet werden konnte, da das Erscheinungsbild des Islam sehr stark von den jeweiligen Herkunftsländern der Muslime abhängt. Die Vorstellung eines sunnitischen Türken vom Religionsunterricht seiner Kinder weicht stark ab von denen eines

---

[14] Vgl. Mitteilungen der Beauftragten der Bundesregierung für die Belange der Ausländer: Daten und Fakten zur Ausländersituation; 14. Auflage, Oktober 1994, S. 9.

[15] Vgl. Zentrum für Türkeistudien (Hrsg.): Ausländer in der Bundesrepublik Deutschland, ein Handbuch, Opladen 1994, S. 92

[16] Kappert, a. a. O., S. 84.

[17] Kappert, a. a. O., S. 84.

schiitischen Iraners. Dieses Problem spiegelt sich auch wider in der Klage der deutschen Behörden, ihnen fehle es für die Konzeption eines Islamunterrichts am muslimischen Ansprechpartner.[18]

Es muss von den Muslimen deutlich gesehen werden, dass die Frage eines Islamunterrichtes an den öffentlichen Schulen nicht allein vom Willen oder Unwillen der deutschen Behörden abhängt, sondern auch davon, ob es ihnen selbst gelingt, mit einer Stimme zu sprechen und die Grundsätze für einen Unterricht zu erarbeiten, an dem alle muslimischen Kinder teilnehmen können. Das verlangt von den Muslimen auch, die starken Differenzierungen im Verständnis des Islam je nach Herkunftsland auf Gemeinsamkeiten und Unterschiede zu sichten, um so zu einer gemeinsamen Glaubenssubstanz zu gelangen und die theologischen Unterschiede auf ein Minimum zu reduzieren.

Dabei muss ein islamischer Religionsunterricht für alle Kinder muslimischen Glaubens offen sein. Ziel eines solchen Unterrichtes ist, gemäß Grundgesetz Artikel 7, Absatz 1, der das gesamte Schulwesen unter Aufsicht des Staates stellt, die Erziehung deutscher Staatsbürger muslimischen Glaubens.[19] Eine solche Forderung ist den ausländischen Muslimen durchaus zuzumuten, da auch die übrigen Lehrfächer in den Schulen im Rahmen dieser Vorgabe erteilt werden.

Das hat zunächst zur Folge, dass der Islamunterricht in deutscher Sprache zu erteilen ist. Damit werden alle Befürchtungen hinfällig, ein solcher Unterricht sei für die Schulaufsicht weder durchschaubar noch kontrollierbar.[20]

---

[18] Die zahlreichen privatrechtlich organisierten islamischen Vereine und Verbände strukturieren sich vor allem nach den Herkunftsländern der Muslime.

[19] Grundsätzlich geht es bei der Frage nach einem islamischen Religionsunterricht nicht um das Problem einer privat ausgeübten Religiosität, sondern um die Folgen, die diese Religiosität für das Leben in einer weltanschaulich pluralen, nichtmuslimischen Umwelt impliziert.

[20] Kappert a. a. O., S. 95 weist darauf hin, ein solcher Unterricht entspreche »zum gegenwärtigen Zeitpunkt noch nicht dem Wunsch der hiesigen muslimischen – meist türkischen – Eltern.« Das ist zweifellos richtig, aber es ist ein Zeichen der Hoffnung, dass Nadim Elyas, der Vorsitzende des Zentralrates der Muslime in Deutschland einen islamischen Religionsunterricht in deutscher Sprache for-

Aber ein Islamunterricht in deutscher Sprache an den öffentlichen Schulen erfordert auch eine entsprechende Lehrerausbildung. Bislang existiert ein solcher Ausbildungsgang zum islamischen Religionslehrer nicht. Die Bemühungen um einen Islamunterricht müssen also unbedingt durch entsprechende Maßnahmen für die Lehrerausbildung flankiert werden.

Es ist nicht zu erwarten, dass Maßnahmen wie die Einrichtung eines Lehrstuhls oder Studiengangs für islamischen Religionsunterricht in naher Zukunft umgesetzt werden. Vielversprechend dagegen ist die Einrichtung einer privaten islamischen Hochschule zur Ausbildung islamischer Theologen und Lehrer. Sie könnte problemlos in der Trägerschaft eines islamischen Vereins oder Verbandes aufgebaut werden. Leider konnte sich bislang keine islamische Organisation zu einem solchen Schritt entschließen.

Soweit zu den Aufgaben, die von den Christen in Deutschland bei der Integration der Muslime in unsere Gesellschaft mit angepackt werden müssen. Aber Integration ist keine Einbahnstraße. Nicht nur die deutschen Christen müssen sich öffnen, um die Muslime in die deutsche Gesellschaft zu integrieren. Auch die Muslime müssen einige Schritte auf eben diese Gesellschaft hin machen.

Von den Muslimen darf ein klares Bekenntnis zur freiheitlich-demokratischen Grundordnung der Bundesrepublik erwartet werden. Dieses Bekenntnis sollte nicht nur pflichtgemäß in die Satzungen der islamischen Vereine und Verbände aufgenommen werden, vielmehr muss es mit Leben erfüllt werden. Das bedeutet auch, dass sich die deutschen Muslime eindeutig von den Aktivitäten und Zielen islamischer Terroristen abgrenzen.

Eine solche Forderung ist durchaus keine Zumutung. Denn in Deutschland genießen die Muslime mehr Rechte und Freiheiten, als in den meisten so genannten islamischen Ländern. Es sei ausdrücklich darauf hingewiesen, dass viele Muslime gerade deshalb

---

dert. Grundsätzlich kann es keine langfristige Perspektive sein, den Islamunterricht auf Dauer im Rahmen des MEU abzuhalten.

in Deutschland leben, weil sie in ihren (islamischen) Heimatländern verfolgt und bedroht wurden, da sie dort Rechte einforderten, die ihnen in Deutschland selbstverständlich und fraglos gewährt werden.

Die Frage, die sich die Muslime in Deutschland grundsätzlich stellen müssen, ist, wie weit das islamische Modell der Lebensordnung (Scharia) mit dem Grundgesetz kompatibel ist bzw. wie mit offensichtlichen Inkompatibilitäten umzugehen ist. Dazu bedarf es einer grundsätzlichen Befragung des Islam auf seinen Glaubenskern hin. Dieser unaufgebbare Kern ist aus den vielen Schichten von Inkulturation und Folklore herauszuschälen. Es muss deutlich unterschieden werden zwischen der Glaubenssubstanz und den zeit-, kultur- und interessenbedingten Randerscheinungen des Glaubens. Es ist von großer Wichtigkeit, dass die deutschen Muslime die Bedeutung einer solchen Bemühung wahrnehmen. Nur so kann es ihnen gelingen, dem »Feindbild Islam« gegenzusteuern. Denn dieses Feindbild ist kein bloßes Gespenst von dem Islam gegenüber negativ eingestellten Medien und Meinungsträgern. Es hat durchaus auch eine reale Grundlage in den Anschlägen und Terroraktionen islamischer Fundamentalisten. Dies und die damit verbundenen Ängste der deutschen Bevölkerung dürfen von den Muslimen nicht ignoriert werden.

Die Muslime in Deutschland fordern mit Recht die volle Gewährung der Religionsfreiheit, wie sie im Grundgesetz und den Menschenrechten verankert ist. Doch wie jede Freiheit darf auch die der Religion nicht nur eingefordert, sie muss auch gewährt werden. Dazu zwei Beispiele:

Die Freiheit des religiösen Bekenntnisses bedeutet auch die Freiheit, seine Religion oder seine Weltanschauung zu wechseln. Ein Austritt aus dem Islam ist also zulässig. Das wird von muslimischen Juristen und Theologen jedoch vehement abgestritten.

Bezüglich der Frage der Gleichberechtigung von Mann und Frau sind die islamischen Menschenrechtserklärungen nicht eindeutig, da sie alle Rechte der Scharia unterstellen. Besonders eklatant ist die Ungleichstellung von Mann und Frau bei der Gewährung von religionsverschiedenen Ehen. Während die muslimischen

Männer ohne jede Schwierigkeit eine nichtmuslimische Frau heiraten dürfen, ist es den muslimischen Frauen verboten, einen nichtmuslimischen Mann zu heiraten. Damit wird nicht nur die Ebenbürtigkeit von Mann und Frau missachtet, sondern auch die Religionsfreiheit der Frau und ihre Freiheit, die Ehe mit einem Partner ihrer Wahl einzugehen.

Bei allen Schwierigkeiten und Vorbehalten, eines dürfen wir dabei nicht vergessen: Wir müssen einander kennen lernen. Nur so kann unser Zusammenleben und vielleicht sogar Friede und Versöhnung gelingen. Versöhnung kann einem nicht durch irgendeine Institution abgenommen werden. Versöhnung muss jeder einzelne Mensch für sich gewähren und annehmen. Ein wirkliches Verständnis füreinander – als Grundlage eines friedlichen Zusammenlebens – ist nur möglich, wenn Christen und Muslime um die Ursachen des Verhalten des Anderen wissen. Es geht darum, die Grundmuster von identitätsstiftenden gemeinsamen Erinnerungen, Werthaltungen und Vorstellungen zu vermitteln, die Christen und Muslime jeweils eint. Zu diesen Grundmustern gehören auch die historisch tief verwurzelten Ängste voreinander, denken wir an die Schlacht bei Tours und Poitiers. Wenn ich um die Gründe und Ursachen des Verhaltens anderer weiß, gelingt es besser, sie zu verstehen und auf sie einzugehen.

Ein wesentlicher Ort der Vermittlung dieses Wissens ist natürlich die Schule. Hier sollte im christlichen Religionsunterricht auch das Thema Islam seinen festen Platz haben. Der Geschichtsunterricht bietet sich als Ort an, um die historischen Friktionen zwischen Orient und Okzident zu beleuchten. Im Sozialkundeunterricht schließlich kann es um die Probleme von Migranten in Deutschland gehen. Es empfiehlt sich, gerade auch angesichts der zunehmenden Zahl ausländischer bzw. muslimischer Kinder in den Schulen, diese Themen in den Unterrichtsplänen festzuschreiben. Die deutschen Kinder haben so die Gelegenheit, viel über den religiösen und geschichtlichen Hintergrund ihrer ausländischen Schulkameraden zu lernen. Die ausländischen Kinder dagegen finden einen Teil ihrer Lebenswelt in der Schule wieder.

Natürlich gilt auch für den Muttersprachlichen Ergänzungs-Unterricht der muslimischen Kinder und für einen vielleicht zukünftigen islamischen Religionsunterricht, dass hier das Thema Christentum seinen festen Platz hat. Denn auch dieser Unterricht hat auf die Lebensverhältnisse der Kinder Rücksicht zu nehmen.

Dabei geht es nicht darum, den christlichen und muslimischen Kindern ihre religiöse Identität zu nehmen, oder diese zu schwächen. Es geht darum, sie auf die ohnehin stattfindende Begegnung mit Andersgläubigen in einer Weise vorzubereiten, die diese Begegnung zu einem bereichernden Erlebnis werden lässt.

Doch der Religionsunterricht ist nicht der einzige Ort der Wissensvermittlung. Sinnvoll erscheint es auch, im Konfirmations- und Firmunterricht der christlichen Kinder über das Thema Islam zu sprechen. Gleiches gilt für den Koranunterricht der muslimischen Kinder in der Moschee. Dabei kann es natürlich nicht um die Schwächung des eigenen Glaubens gehen. Vielmehr ist zu erwarten, dass in der Auseinandersetzung mit der anderen Religion auch der eigene Glaube neu betrachtet, verinnerlicht und tiefer erlebt wird.

Das setzt voraus, dass auch in der Ausbildung der Lehrer, Pfarrer und Imame auf das Thema Islam bzw. Christentum Wert gelegt wird. Nur so kann eine gehaltvolle Wissensvermittlung auf Dauer gelingen. Denkbar ist zum Beispiel, dass für Theologiestudenten ein »Islamschein« obligatorisch wird.

Die deutschen Muslime sollten darauf dringen, dass die Ausbildung ihrer Geistlichen auch auf die Verhältnisse in der Bundesrepublik Rücksicht nimmt. Das heißt zunächst und vor allem, dass die hier arbeitenden Imame bzw. türkischen Hocas die deutsche Sprache beherrschen, und gründliche Kenntnisse über den deutschen Staat und dessen Gesellschaft besitzen. Es bedeutet aber auch, dass sie mit Glauben und Tradition der Christen vertraut sind.

Von großer Bedeutung ist weiterhin das Feld der Erwachsenenbildung. Volkshochschulen und Akademien sollten regelmäßig Veranstaltungen über das Thema Islam anbieten. Daneben muss ein entsprechendes Angebot für die Muslime stehen. Oft wird es sinnvoll sein, diese Veranstaltungen zum Beispiel in türkischer

Sprache durchzuführen, um so Schwellenängste herabzusetzen. Denkbar ist, im Rahmen des Deutschunterrichts für Ausländer das Thema Landes- und Religionskunde aufzunehmen. Auch die Moscheen eignen sich, um entsprechende Veranstaltungen anzubieten.

Ausdrücklich ist auf die zahlreichen kirchlichen Informationsstellen über den Islam hinzuweisen, ebenso auf die christlich-islamischen Gesellschaften und die Ausländerbeauftragten der Länder. Hier finden sich Ansprechpartner für alle den Islam betreffenden Fragen, aber auch Referenten für Vortragsveranstaltungen etc.

Das Wissen der Christen und Muslime übereinander wird zu einem guten Teil durch die Medien vermittelt. Leider aber herrscht in den Medien eine Tendenz vor, nur über die negativen Erfahrungen des Miteinander von Christen und Muslimen zu berichten. Es ist darauf zu dringen, dass auch und gerade über die positiven und beispielhaften Erfahrungen der vielen christlich-islamischen Begegnungen in Deutschland informiert wird. Positive Beispiele können helfen, die gegenseitigen Vorurteile und Feindbilder abzubauen.

Das verlangt von Verantwortlichen vor Ort, den Pfarrern, Imamen, Lehrern etc. eine kontinuierliche Pressearbeit. Der Besuch einer christlichen Frauengruppe in einer Moschee kann durchaus ein Thema für die Redaktion einer lokalen Zeitung oder eines Radiosenders sein. Dazu aber müssen die entsprechenden Redakteure auch von diesem Besuch wissen. Hier genügt oft ein kurzer Anruf oder einige Zeilen per Brief oder Fax. Und auch das örtliche Kirchenblatt oder die Bistumszeitschrift bieten sich für einen solchen Bericht an.

Das Wissen bleibt »trocken«, die Versöhnung ungelebt, wenn nicht die persönliche Begegnung hinzukommt. Sie hat in gegenseitigem Respekt, mit Achtung vor der Würde des Anderen und entsprechend höflich zu geschehen. Grundsätzlich gilt: Die Höflichkeit und Ehrerbietung, die man den eigenen Glaubensbrüdern zukommen lässt, sollte man auch den Menschen anderen Glaubens zeigen.

Das beginnt mit sehr einfachen Dingen. So stellt sich zum Beispiel ein christlicher Pfarrer bei Antritt einer neuen Stelle seinen Kollegen vor. Es sollte selbstverständlich werden, dass auch ein Antrittsbesuch beim Imam der örtlichen Moschee gemacht wird. Gleiches gilt natürlich auch für einen neuen Imam.

Die christlichen und muslimischen Geistlichen haben eine Vorbildfunktion für ihre Gemeinden. Wenn es ihnen nicht gelingt, die »normalen« Regeln der Höflichkeit und den Respekt voreinander zu wahren und zu leben, darf dies von Gemeindemitgliedern auch nur bedingt erwartet werden.

Das verlangt natürlich das Wissen umeinander. Die entsprechende Wissensvermittlung wird naturgemäß immer den Charakter des Redens über den anderen haben. Dabei aber darf es nicht stehen bleiben. Zu den Informationsveranstaltungen über Christen bzw. Muslime muss auch die Begegnung mit den Vertretern der anderen Religion gehören.

Zur Behandlung des Themas Islam in Schule oder Konfirmations- und Firmunterricht sollte auch ein Besuch der Moschee gehören. Der Imam oder ein anderer Vertreter der muslimischen Gemeinde kann in den Unterricht eingeladen werden. Entsprechend sollte zum Koranunterricht, sei es in der Moschee oder in der Schule, auch der Besuch einer christlichen Kirche gehören und das Gespräch mit dem Pfarrer.

Grundsätzlich müssen die persönlichen Begegnungen nach Kräften gefördert werden. Dazu gehören gemeinsame Feste und Veranstaltungen. Hier ist es oft leichter, statt auf die Unterschiede auf die vielen Gemeinsamkeiten abzuheben. Das kann sich auf die Berührungspunkte von Bibel und Koran beziehen (zum Beispiel die Figur Abrahams), aber auch nichtreligiöse Bereiche. Hier sind leicht Gemeinsamkeiten über die Glaubensgrenzen hinweg zu stiften, zum Beispiel wenn es um die Wohn- und Lebensqualität im Stadtviertel geht, um den sicheren Schulweg der Kinder, etc.

Es macht Hoffnung, dass gerade der für die Versöhnung unverzichtbare Dialog des Lebens besonders weit fortgeschritten ist. Denn die zentralen Probleme unseres Landes wie Arbeitslosigkeit und Wohnungsnot treffen und betreffen alle hier lebenden Menschen, Christen und Muslime. Gleiches gilt für die internationalen Probleme wie Krieg, Hunger, Flüchtlingselend. Was alle angeht, kann auch nur von allen gelöst werden.

Die Rolle der Christen
im Balkankonflikt[1]

Klaus Buchenau

1. Einführung

Welche Rolle haben die Kirchen in den jugoslawischen Auflösungskriegen zwischen 1991 und 1999 gespielt? Waren und sind
die katholische und die orthodoxe Kirche ein Teil des jugoslawischen Problems, oder eher ein Teil seiner Lösung? Haben sie die
Kriege in Kroatien, Bosnien-Herzegowina und schließlich im Kosovo als Religionskriege verstanden, wie es der Ostkirchenspezia-
list Heinz Ohme 1995 in Bezug auf die serbische Orthodoxie ver-
mutete?[2] Oder war der Konflikt der Religionsgemeinschaften eher
ein »Nebenwiderspruch«, eine Begleiterscheinung des »Haupt-
übels«, nämlich des säkularen Nationalismus?

Zugegeben, diese Fragen sind idealtypisch formuliert, und sie
können nur teilweise eindeutig beantwortet werden. Sicher ist:
Die Glaubensgemeinschaften waren in den jugoslawischen Auflösungskriegen auf jeden Fall ein Teil des Problems. Denn selbst
wenn man die Konflikte als vorwiegend *national* interpretiert, so
sind doch der Katholizismus, die Orthodoxie (und bei den bosnischen Muslimen und den Kosovoalbanern der Islam) von den
jeweiligen Nationalismen ständig in Anspruch genommen worden. Dies gilt für die Kriege in Kroatien und in Bosnien in höherem
Maße als im Kosovo. Dort, wo in den Kriegen von 1991–1995

---

[1] Überarbeiteter und erweiterter Vortrag, gehalten in der Katholischen Akademie
Trier am 30. 10. 1999.

[2] Heinz Ohme: Die Haltung der Serbischen Orthodoxen Kirche im gegenwärtigen Balkankonflikt: »Religionskrieg«? – »Hl. Krieg«? Zur Frage nach den Wurzeln. In: Kerygma und Dogma 42 (1996), S. 82–113.

Slawen gegeneinander gekämpft haben, war Religion mit Abstand das wichtigste Unterscheidungsmerkmal zwischen den Nationen. Auch wenn heute Kroaten, Serben, Bosnjaken und zunehmend auch die Montenegriner von sich sagen, sie hätten eine eigene Sprache, die sie von ihren früher »serbokroatischen« Nachbarn abgrenzt, stünde doch eine vor allem auf Sprache gegründete Nationalideologie auf wackligen Füßen. Denn die Sprache in Serbien, Kroatien, Bosnien-Herzegowina und Montenegro basiert auf demselben Dialekt, eine Tatsache, an der auch eine nationalisierende Sprachpolitik nichts ändern kann.

Mit der Religion ist es dagegen eine andere Sache: Denn die Trennung der »serbokroatischen« Nationen entlang konfessioneller Linien hat sich im Laufe des 20. Jahrhunderts so verfestigt, dass ausgerechnet in den frühen 70er Jahren die Gleichsetzung von religiöser Herkunft und nationalem Bekenntnis ihren Höhepunkt erreichte. Durch die Anerkennung der »Muslime« als eigener Nation beendeten 1971 die jugoslawischen Kommunisten den langwährenden serbisch-kroatischen Streit um die bosnischen Angehörigen des Islam, schufen damit aber auch unfreiwillig eine Voraussetzung zum Erstarken religiöser Nationalismen: Danach sind die Serben orthodox, die Kroaten katholisch und die »Muslime« eben muslimisch. Ausgeglichen wurde diese national-religiöse Separierung vor allem durch das Bekenntnis zum sozialistischen Jugoslawien, zum Tito- und Partisanenkult und zur »Brüderlichkeit und Einheit« zwischen den Völkern. Als aber die kohäsive Kraft dieser Ideologie nach dem Tod Titos zu schwinden begann und die kommunistischen Parteiführer in den Republiken zunehmend nach einer nationalen Legitimationsbasis suchten, wurden automatisch auch die eng mit den Nationen verbundenen Glaubensgemeinschaften in den Konflikt hineingezogen.

Will man nun die »Rolle der Christen« in den jugoslawischen Auflösungskriegen verstehen, so müssen einige grundsätzliche Fragen beantwortet werden:

- Wie ist die historische Verbindung von Katholizismus mit dem Kroatentum, von Orthodoxie mit dem Serbentum geartet? Und wie ist die Konfessionalität in die kollektive Vorstellungswelt, in

das »nationale Imaginarium« von Serben und Kroaten eingegangen?

- Wie ist der serbische bzw. der kroatische nationalpolitische
Kurs seit den 80er Jahren des 20. Jahrhunderts zu bewerten?
Gab es »aggressive« und »defensive« Nationalismen, oder wa-
ren sie »alle gleich«?
- Wie haben sich die Kirchen, der Klerus wie auch die Laien, zum
Nationalismus der eigenen Seite gestellt?

In diesem Vortrag möchte ich mit der ersten Frage nach »Konfession und kollektivem Gedächtnis« beginnen und erst im zweiten
Teil zur Eigenart der serbischen und kroatischen »religiösen Nationalismen« in den Jahrzehnten des sozialistischen Jugoslawien
und danach kommen.

2. Religion und Nation im historischen Gedächtnis

2.1. Die Serbische Orthodoxe Kirche und das Serbentum

Im orthodoxen Teil Europas ist die Verbindung zwischen Kirche
und Nation traditionell besonders eng. Denn im von Byzanz mis-
sionierten Bereich konnte sich das Modell der selbständigen Staats-
beziehungsweise Nationalkirche durchsetzen, einer Kirche, deren
Jurisdiktionsgebiet sich mit dem Territorium des jeweiligen Staates
deckt. Im Gegensatz dazu ist die katholische Kirche eine zentralistische überstaatliche Organisation, die der Identifikation von Staat
und Nation mit der Kirche gewisse Grenzen setzte und setzt.

Ähnlich wie die russische oder bulgarische Kirche ist auch die
Serbische Orthodoxe Kirche (SOK) eine autokephale (selbständi-
ge) Nationalkirche, die sich selbst als *Essenz des Serbentums*
wahrnimmt. Das Serbentum definieren religiöse Nationalisten
über die Zugehörigkeit zur Orthodoxie in ihrer speziellen serbischen Redaktion, dem *Svetosavlje*[3]. Zwar sind sich die serbischen

---

[3] Heilig-Savatum, nach dem heiligen Sava, der 1219 das erste unabhängige serbische Erzbistum gründete.

Theologen einig, dass das *Svetosavlje* dem orthodoxen Christentum keinerlei Neuerungen hinzugefügt hat, man also von einer »nationalen Religion« im Sinne theologischer Eigenständigkeit nicht sprechen kann.[4] Aber unabhängig davon signalisiert der Begriff *Svetosavlje* im serbischen Nationaldiskurs ein Amalgam von orthodoxem Glauben und kollektiver nationaler Erinnerung, so dass hier im weiteren Sinne eben doch so etwas wie eine »Nationalreligion« vorliegt.

Ein Lehrbuch, das jahrelang in serbischen Priesterseminaren im Fach Kirchengeschichte verwendet wurde, trägt den bezeichnenden Titel: »Die Geschichte der Serbischen Orthodoxen Kirche mit Nationalgeschichte.«[5] Tatsächlich sind im serbischen Fall bis ins 18. Jahrhundert die politische und die Kirchengeschichte streckenweise identisch. Zwei Brüder begründen den mittelalterlichen serbischen Staat – Stefan Nemanjić wird 1217 zum König gekrönt, sein Bruder Sava, der vorher als Mönch auf dem Berg Athos gelebt hat, erwirkt 1219 beim Patriarchen in Nicaea die Einrichtung eines eigenen orthodoxen Erzbistums für Serbien. In der nachfolgenden Generation wiederholt sich dieses Schema: Wieder stehen zwei Brüder, Söhne des Königs Stefan, an der Spitze der weltlichen und geistlichen Hierarchie. Im serbischen Fall ist also das orthodoxe Modell der »Harmonie« zwischen Kirche und Staat personifiziert worden: »brüderlich« sollen sich die beiden Gewalten zueinander verhalten. Diese »Brüderlichkeit« äußert sich darin, dass die serbischen Herrscher sehr viele Klöster gestiftet haben und die serbische Kirche die Mehrzahl dieser Herrscher heilig gesprochen hat. Der Gegensatz zur katholischen Kirche und ihren immer wieder aufflammenden Konflikten mit der weltlichen Macht ist denkbar groß.

Die serbische »Nationalreligion« ist allerdings mit dem Heiligen Sava noch nicht vollständig. Der zweite zentrale Nationalhei-

[4] Djoko Slijepčević: Istorija Srpske Pravoslavne Crkve, Bd. 1. Beograd ²1991. S. 126 f.
[5] Rajko L. Veselinović: Istorija Srpske pravoslavne crkve sa narodnom istorijom. Beograd 1966.

lige ist Fürst Lazar, der 1389 ein serbisches Ritterheer in die Schlacht gegen die Osmanen auf dem Amselfeld (Kosovo Polje) führte. Tatsächlich weiß man über diese Schlacht relativ wenig – die Quellen enthalten unterschiedliche Angaben über ihren Verlauf und vor allem darüber, wer eigentlich gesiegt hat.[6] Der Mythos dagegen, der in den folgenden Jahrhunderten unter entscheidender Mitwirkung der Kirche entstand, weiß es ganz genau: Fürst Lazar habe vor der Schlacht gewusst, dass der Kampf gegen das osmanische Heer aussichtslos war, und habe sich in einer Art letztem Abendmahl vor den versammelten zwölf Edelleuten für das Himmelreich entschieden – sprich: für den Heldentod für Vaterland und Christentum. Auch eine Judasfigur fehlt nicht: Vuk Branković habe »Verrat« an seinem Vorgesetzten begangen, indem er den loyalen und heldenhaften Miloš Obilić bei Lazar anschwärzte und selbst nicht bis zum Letzten kämpfte. Die serbische Kirche hat Lazar schon bald nach der Schlacht als Heiligen verehrt und es als ihre Aufgabe angesehen, das mythisch überhöhte Andenken an die Kosovo-Schlacht zu bewahren. Zu diesem Andenken gehört auch das Verlangen nach »Vergeltung« (serbisch *osveta*) für die verlorene Schlacht, also das Versprechen vor sich selbst und vor Gott, die Muslime wieder aus Europa zu vertreiben: »Ko se ne osveti, taj se ne posveti« (Wer sich nicht rächt, kann nicht heilig werden), lautet eine serbische Redeweise. Der montenegrinische Fürstbischof und Dichter Petar II. Petrović Njegoš hat dieses Motiv der Rache in seinem berühmten Epos *Gorski vijenac* (Der Bergkranz, 1846/47) künstlerisch verarbeitet und festgehalten.

Es wäre müßig, den Anteil der serbischen Kirche an den serbischen Nationalmythen exakt bestimmen zu wollen: Gerade unter osmanischer Herrschaft, die vom 15. bis ins 19. Jahrhundert dauerte, wurden »Serbentum« und »serbische Kirche« ununterscheidbar. Denn die Serben konnten sich über weite Strecken des »türkischen Jochs« das Patriarchat von Peć als (proto-)nationale

---

[6] Thomas A. Emmert: Serbian Golgotha Kosovo, 1389. Boulder 1990. Kap. III und IV.

Institution erhalten. Die serbischen Patriarchen sahen ihre Aufgabe unter anderem darin, Identitätsschwund und Islamisierung durch ständiges Erinnern an die vorosmanische serbische Staatlichkeit aufzuhalten. Erst im 18. und 19. Jahrhundert schwindet dieses nationale Deutungsmonopol der Kirche langsam – sie bekommt Konkurrenz durch eine westlich gebildete, säkularistisch orientierte Intelligenzija. Die Intelligenzija beurteilt die Kirche und den von ihr bewahrten Mythenschatz vor allem nach seiner »Nützlichkeit« für die nationale Politik und Ideologie, schätzt aber ansonsten die Orthodoxie oft als »rückständig« und »fortschrittsfeindlich« ein. Diese zwiespältige Haltung ist bei den serbischen Eliten bis heute weit verbreitet: einerseits umwirbt man die Serbische Orthodoxe Kirche als nationale und patriotische Institution; andererseits fehlen häufig elementare Kenntnis und Verständnis christlicher Glaubensinhalte.

Die Kirche selbst hat den Schock der Säkularisierung auch am Ende des 20. Jahrhunderts nicht verwunden, das Verhältnis zu den serbischen rationalistischen Aufklärern ist bei vielen Theologen immer noch so gespannt wie vor 200 Jahren. So steht die Kirche heute vor allem für die »glorreiche« nationale Vergangenheit, die »nationale Einheit«, für das patriarchale Erbe, einen kollektiven Volksglauben, teilweise auch für die Russophilie und für die Ablehnung der westlichen Moderne. Die Ebene, auf der sie sich mit den mehrheitlich säkular orientierten Eliten trifft, ist vor allem die nationale Frage.

Bedeutend für unsere Fragestellung ist auch die Wahrnehmung des römischen Katholizismus. Die serbischen mittelalterlichen Herrscher zeigten zunächst durchaus Toleranz gegenüber den Katholiken im eigenen Staatsgebiet, die vor allem an der Adriaküste im Gebiet des heutigen Montenegro siedelten. Auch danach gab es in der serbischen Geschichte Momente, die als positives Verhältnis zum Katholizismus interpretiert werden könnten – wie etwa die Zusammenarbeit serbischer Patriarchen mit den Päpsten gegen die osmanische Herrschaft im 17. Jahrhundert[7] oder die in Jugo-

---

[7] Vgl. Slijepčević, a. a. O., Kap. XI.

slawien oft recht guten nachbarschaftlichen Beziehungen zwischen orthodoxen und katholischen Priestern auf lokaler Ebene. Es dominiert allerdings eine kollektive Erinnerung, die sich vor allem auf die negativen Erfahrungen mit dem Katholizismus konzentriert, wogegen man gegenüber den eigenen Sünden fast vollkommen blind ist.

Beliebt ist in der serbischen Orthodoxie das Selbstbild einer zwischen Ost und West »eingekeilten« Nation. Der Priester Žarko Gavrilović schrieb 1970, die Orthodoxie sei »als liberalster und tolerantester Glaube eingeklemmt zwischen zwei Fanatismen: Dem östlichen und dem westlichen römisch-katholischen« und erleide deswegen »während ihrer gesamten priesterlichen Geschichte Schläge und Verfolgungen von der einen wie der andern Seite«, bleibe aber trotzdem »immer rein und unbeschmutzt.«[8] Solche Äußerungen waren zwar zu jener Zeit von der serbischen Kirchenleitung geächtet, und auch in den Kriegen der 90er Jahre war dieser Ton in den Verlautbarungen der Bischöfe nicht die Regel. Aber das Ideologem von der doppelt bedrängten Orthodoxie ist in jedem Fall vielfältig präsent und wirkungsmächtig.

Nicht nur der Islam, sondern auch der Katholizismus gilt also vielen orthodoxen Serben als aggressive Religionsgemeinschaft, die stets versucht habe, die Serben gewaltsam zu bekehren und sie dabei gleichzeitig von ihrer Nation zu entfremden. Tatsächlich haben die Serben, als sie im 17. Jahrhundert gehäuft auf habsburgisches Territorium übertraten, umfangreiche Erfahrung mit katholischen Unierungsversuchen gemacht, die aber insgesamt längst nicht so erfolgreich waren wie im Falle der Ukrainer oder der Rumänen. Die Mehrzahl der Orthodoxen blieb bei ihrer Konfession, was vor allem Folge der durch den den Wiener Hof gewährten Privilegien für die Serben in Südungarn und an der Militärgrenze war.

Die negative Grundeinstellung gegenüber dem Katholizismus ist durch die Ereignisse des Zweiten Weltkrieges mächtig verstärkt

---

[8] Žarko Gavrilović: Pogled u večnost. Zitiert nach ders.: Na braniku vere i nacije. Beograd 1986, S. 119.

worden. Die Gründung des »Unabhängigen Staates Kroatien« und die Machtübernahme der faschistischen kroatischen Ustaša-Bewegung wurde von vielen Serben als Komplott des Vatikans gegen Jugoslawien und gegen die Orthodoxie interpretiert. Tatsächlich nahmen die Ustaše den Katholizismus stark für ihre Ideologie in Anspruch: Die Zugehörigkeit der Kroaten zum westlichen Christentum mache sie zum »Vorposten des Abendlandes«, welches sich gegen den »Osten«, assoziiert mit byzantinisch-orthodoxer Kultur und Bolschewismus, zu verteidigen habe. In den ärmsten katholisch besiedelten Gebieten Dalmatiens und der westlichen Herzegowina, in denen die »Vorpostenideologie« noch aus der Zeit der Osmanischen Herrschaft tief verwurzelt war, fand die Ustaša-Bewegung im Klerus tatsächlich eifrige Anhänger. Auch Teile des kroatischen Episkopats kann man von einer ideologischen Mitverantwortung für Verbrechen der Ustaše nicht freisprechen. Aber die Version, die in das serbische kollektive Gedächtnis eingegangen ist, enthält grobe Verzerrungen: Denn sie postuliert, der Zagreber Erzbischof Stepinac und Papst Pius XII. seien die *geistlichen Inspiratoren des Völkermords* an den Serben in Kroatien und Bosnien-Herzegowina gewesen. Diese Behauptung ist nicht nur durch die kroatischen Anhänger des Erzbischofs, sondern auch durch seriöse Forschung widerlegt worden.[9] Stepinac hat durchaus bei der kroatischen Führung gegen die Verfolgung von Juden, Serben und Roma protestiert, und sein Verhältnis zu den Ustaše war im Verlauf des Krieges zunehmend gespannt. Zwar stellt sich (wie bei anderen Funktionsträgern in einer vergleichbaren Situation) hier die Frage: Hätte Stepinac früher und entschiedener protestieren müssen? Auch wenn man diese Frage bejaht, wofür es gute Gründe gibt, bleibt die Tatsache, dass sich Stepinac während der Ustašazeit redlicher verhalten hat als viele andere, sein Verhalten also in keinem Verhältnis zur späteren Diabolisierung steht.

Oft ist Stepinac von serbischer Seite vorgeworfen worden, er sei

---

[9] Stella Alexander: The triple myth. A life of Archbishop Alojzije Stepinac. New York 1987.

die treibende Kraft bei der Zwangskonversion von Orthodoxen zum Katholizismus gewesen – dieser Vorwurf hält einer ernsthaften Überprüfung nicht stand, denn anhand der zugänglichen Quellen lässt sich nachweisen, dass die Betroffenen oft selbst um eine Aufnahme in die katholische Kirche nachsuchten, um so ihr Leben zu retten. Die Sache ist kompliziert: Einerseits war Stepinac Teil jenes antiökumenisch gesinnten Katholizismus, der sich als Weg zur Einheit der Christen nur die Rückkehr der Nichtkatholiken in den »Schoß« der katholischen Kirche vorstellen konnte. Andererseits kann Konversion nach den Regeln der katholischen Kirche nur freiwillig erfolgen – ein Punkt, an dem Stepinac zunächst festhielt, womit er die Strategie der Ustaše durchkreuzte. Später ließ er die Glaubensübertritte als taktisches Mittel zur Rettung von Menschenleben zu. Er selbst nahm an, dass die Mehrheit der so »Konvertierten« nach dem Fall des Ustaša-Regimes wieder zur Orthodoxie zurückkehren würde.[10]

Dennoch sind von Ustaša-Militärpriestern ohne Zweifel furchtbare Verbrechen an orthodoxen Serben begangen beziehungsweise »abgesegnet« worden. Stella Alexander weist allerdings nach, dass diese »Priester« nur formal Stepinac unterstanden, tatsächlich ihre Befehle aber von der Ustaša-Führung erhielten.[11]

- Um die serbische, extrem negative Wahrnehmung des umstrittenen Erzbischofs zu verstehen, sind meines Erachtens vor allem fünf Momente wichtig:
- Ein kleinerer Teil des katholischen Klerus hat tatsächlich eng mit den Ustaše kollaboriert, und die Kirchenleitung in Zagreb hat offizielle Kontakte mit der Ustaša-Regierung unterhalten. So konnte der Eindruck entstehen, die katholische Kirchenleitung gehöre zu den »tragenden Säulen« dieses Staates.
- Die serbische Selbstsicht ist traditionell von der Gleichsetzung von Religion und Nation geprägt: Serbe ist, wer serbisch-orthodox ist; und wer einem Serben etwas antut, tut in dieser Perspektive auch immer der Orthodoxie etwas an. Aufgrund der

---

[10] Vgl. Stella Alexander, a. a. O., S. 85.
[11] Stella Alexander, a. a. O., S. 81.

historischen Erfahrung, dass Fremdherrschaft in aller Regel von Andersgläubigen ausgeübt wurde, hat man diese Selbstsicht auch auf den Gegner übertragen: Dessen Identität und Ideologie stellt man sich ebenfalls als vollkommene Übereinstimmung von Religiösem und Nationalem vor. Dieses Prisma lässt keinen Platz für Separationen, für die Unterscheidung von Katholizismus und Ustašatum, von Pavelić und Stepinac – genauso wenig wie es Platz hat für die Differenzierung von *Svetosavlje* und serbischer Staatlichkeit.

- Die Gleichsetzung von Stepinac und Ustašentum wird darüber hinaus verständlich, wenn man sich die Lage der Orthodoxen im »Unabhängigen Staat Kroatien« vorstellt: Die allermeisten von ihnen konnten keinen Einblick in das Verhältnis der kroatischen Kirchenleitung zum kroatischen faschistischen Staatswesen haben. Stattdessen lebten sie in direkter Furcht vor den Ustaše, die für ihre grausame Herrschaft den Katholizismus in Anspruch nahmen.

- Der eingespielte Interpretationsmodus wurde durch den machtpolitisch motivierten Schauprozess, den die Kommunisten 1946 gegen Stepinac anstrengten, noch verstärkt. Aber dazu mehr in Abschnitt 3.2.

- Die Diabolisierung des Erzbischofs war und ist ein beliebtes Argument zur Untermauerung großserbischer bzw. zentralistischer Vorstellungen: Je böser der kroatische Katholizismus, desto mehr Gründe gibt es, die »bedrohten Brüder« in der Krajina von Belgrad aus zu beschützen.

2.2. Religion und Nation im kroatischen Katholizismus

Die Verbindung von Religion und Nation in katholischen Ländern weist, wie schon angedeutet, einige grundsätzliche Unterschiede zu orthodox geprägten Staaten auf. Denn die katholische Kirche ist eine zentralistische Organisation, die sich mit der Anerkennung nationaler Besonderheiten bis weit ins 20. Jahrhundert schwer getan hat. Erst nach dem Zweiten Vatikanischen Konzil

(1962–1965) wurde das Lateinische in der Liturgie durch die Nationalsprachen abgelöst. Trotzdem haben katholische Priester immer wieder eine bedeutende Rolle bei der Entstehung nationaler Kulturen gespielt, denn sie stellten in vielen Völkern die Ersten »Bildungseliten«, von denen die Verschriftlichung der Nationalsprachen ausging.

Was aber im Katholizismus bis heute »fehlt«, ist die Ausbildung von »Nationalkirchen«, von selbständigen Kirchenorganisationen wie im Bereich der Ostkirche. Diesen Unterschied zwischen Ost- und Westkirche sollte man im Auge behalten, wenn man über den Zusammenhang von Religion und Nation bei Serben und Kroaten spricht. Auch im kroatischen Fall hängt die Herrschaftsbildung im Mittelalter zwar eng mit der Kirchenpolitik zusammen – 864 wird mit päpstlicher Anerkennung ein erstes kroatisches Bistum gegründet, und 1075 erhält König Zvonimir von Papst Gregor VII. die Königskrone. Aber die Zugehörigkeit zur römischen Jurisdiktion schaffte für die kroatischen Staatsgründer auch Probleme. Denn die frühen Gegner dieses Staatswesens – Ungarn und Italiener – gehörten ebenfalls zur Jurisdiktion der Päpste. Zu Beginn des 12. Jahrhunderts verlor Kroatien seine politische Selbständigkeit und blieb bis 1918 unter der Vorherrschaft der katholischen Hegemonialmächte Ungarn und dann der Donaumonarchie. So konnte die Konfessionszugehörigkeit über lange Zeit nicht zum Instrument kroatischer Identitätsfindung werden. Im Gegenteil – die (proto-)nationale Selbstbehauptung der katholischen Südslawen griff vor allem auf Dinge zurück, die von der lateinischen Kirche zunächst energisch bekämpft und später nur geduldet wurden – auf die glagolitische Schrift und die kirchenslawische Liturgiesprache, also auf vorrangige Merkmale der byzantinischen Slawenmission.[12]

Die Grundkonstellation für eine enge Verbindung von Religion und Nation waren also deutlich ungünstiger als im serbischen Fall – erst im verklärenden Rückblick konnte die katholische Kirche in

---

[12] Franjo Šanjek: Kršćanstvo na hrvatskom prostoru. Pregled religiozne povijesti Hrvata (7–20. st.). Zagreb 1991. S. 28 f.

dieser Frühzeit als »Hüterin der Nation« erscheinen. Die Situation ändert sich aber durch die osmanische Expansion im 15. und 16. Jahrhundert, als im übrigen Europa Kroatien und Slawonien als »Vorposten«, »Vormauer« oder »Schutzwall« der christlichen Zivilisation gegenüber dem Islam bezeichnet wurden. »Dieses Motiv übernehmen sofort auch die kroatischen Adligen, Militärkommandanten und Schriftsteller, und so wirkt es in verschiedenen Variationen bis heute in der kroatischen Literatur, im gesellschaftlichen Bewusstsein und im politischen Gedankengut fort, obwohl sich die historischen Umstände seiner Entstehung ebenso wie die politischen Kategorien, in denen es zum Tragen kam, längst verändert haben.«[13]

Mit dem Ideologem vom »Schutzwall« war zwar noch keine eindeutige Identifikation von Religion und Nation, Religion und Nationalstaatlichkeit geschaffen worden. Aber es zeichnete sich eine ideologische Selbstzuordnung zum »Westen« ab, die ohne eine Abgrenzung vom »Osten« nicht funktionieren kann. Die semantische Ausgestaltung des »Ostens« ist allerdings variabel. Denn schon mit der Festigung der habsburgisch-osmanischen Grenze um 1700 verliert die Schutzwall-Ideologie ihren ursprünglich antimuslimischen Inhalt.[14] Unter dem Eindruck der serbischen Dominanz im 1. Jugoslawien wird der »Schutzwall« als antibyzantinisch und antiorthodox umgedeutet, vor allem in der Ideologie der faschistischen Ustaša-Bewegung. Hier sind die Kroaten »Grenzsoldaten, die Gott für diesen Platz bestimmt hat, um weiterhin zwei unüberbrückbare Welten voneinander zu trennen.«[15] Auch die Tudjman-Regierung hat das »Schutzwall«-Konzept wieder aufgegriffen, wie an folgender Äußerung des stellvertretenden kroatischen Außenministers Miomir Žužulj von 1992 deutlich wird: »Unglücklicherweise sind wieder wir der exponierteste Teil, wieder bekommen wir die historische Aufgabe, ein Schutzwall des

---

[13] Ivo Žanić: Das politische Instrumentarium der kroatischen Nationalgeschichte. In: Dunja Melčić (Hg.): Der Jugoslawien-Krieg. Handbuch zu Vorgeschichte, Verlauf und Konsequenzen. Wiesbaden 1999. S. 287–294; hier: S. 288.

[14] Ebd., S. 289.

[15] Ebd., S. 291.

Christentums zu sein. Wir (…) liegen an der Grenze zweier Zivilisationen.«[16] Ob der Minister damit sagen wollte, dass die Orthodoxie überhaupt nicht zum Christentum zu zählen ist oder dass der Angreifer wegen seiner *kommunistischen* Ideologie zu einem anderen Kulturkreis gehört, soll hier dahin gestellt bleiben. Die Übergänge zwischen der Polemik gegen den »Byzantinismus« und dem »Serbokommunismus« waren in den Kriegsjahren ohnehin fließend.

Zur Vorstellung vom »Schutzwall« muss an dieser Stelle noch angemerkt werden, dass sie während der jüngsten Kriege in Kroatien und Bosnien-Herzegowina vor allem von der kroatischen Regierung instrumentalisiert wurde, wogegen sich die kroatische Kirchenleitung wie auch der Vatikan von derartigen Ideologien deutlicher abgegrenzt haben.[17]

Dem Bild vom »Schutzwall des Westens gegen den Osten« steht in Kroatien das Bild von der »Brücke zwischen Ost und West« gegenüber. Auf religiöser Ebene entspricht dieser Vorstellung die »kyrillomethodianische Idee«, ein von den katholischen Klerikern Franjo Rački und Josip Juraj Strossmayer in der zweiten Hälfte des 19. Jahrhunderts ausgearbeitetes Konzept zur Einigung der Südslawen. Zentral ist dabei das Wirken der »Slawenapostel« Kyrill und Method, die in keinem römisch-katholischen Slawenvolk so deutliche Spuren hinterlassen hatten wie bei den Kroaten. Strossmayer und Rački sahen in den »Slawenaposteln« ein verbindendes Element zwischen katholischen und orthodoxen Slawen. Sie argumentierten, Kyrill und Method seien zwar Griechen gewesen, hätten aber noch vor der Kirchenspaltung von 1054 gewirkt; außerdem beriefen sich die kroatischen »Kyrillomethodianer« auf die Kontakte der Slawenapostel zum Papst, der ihre Mission im großmährischen Reich gegen die Angriffe der deutschen Geistlichkeit verteidigt hatte.

Bei aller Offenheit für das orthodoxe Erbe verblieb die kyrillo-

---

[16] Ebd., S. 293.
[17] Vgl. Konrad Clewing: Zum Verhältnis von katholischer Kirche, Staat und Gesellschaft in Kroatien. In: Südost-Europa 44(1995), S. 101–108.

methodianische Idee des 19. Jahrhunderts allerdings im weiteren Rahmen katholischer Unionsvorstellungen: Man erkannte den »getrennten Brüdern« zwar den »wahren Glauben«, aber keineswegs die »wahre Kirche« zu, die es nur in Einheit mit dem Papst geben könne. Andererseits befand sich Strossmayer auch im Konflikt mit dem römischen Zentralismus, der sich in der 1870 verkündeten Unfehlbarkeit des Papstes erneut manifestierte. Strossmayer nahm an, dass die Einheit mit den Ostkirchen nur gelingen könne, wenn auch Rom die *Kollegialität der Bischöfe* gegenüber dem *Primat des Papstes* wieder stärker betonte. Damit konnte er sich allerdings in der römischen Kirche nicht durchsetzen – auf dem Ersten Vatikanischen Konzil gehörte er zur Minderheitsfraktion, die sich gegen die Dogmatisierung der päpstlichen Unfehlbarkeit wehrte.

Offenbar haben die römischen Zentralisierungstendenzen zum Misserfolg der kyrillomethodianischen Idee beigetragen. Denn erst 1881, als Strossmayer seinen Widerstand gegen das Unfehlbarkeitsdogma aufgab, setzte eine erbitterte serbisch-orthodoxe Reaktion auf Strossmayers und Račkis Ideen ein.[18] Noch im selben Jahr schrieb der orthodoxe Bischof Dalmatiens Nikodim Milaš, die gesamte kyrillomethodianische Idee sei nicht als ein Instrument des Vatikans, der damit seine Macht über die Orthodoxen zurückgewinnen wolle. Zur jugoslawischen Einigung stellte Milaš lapidar fest, ein Slawe werde außerhalb der orthodoxen Kirche niemals Unterstützung für seine Nationalität finden[19] – eine Parallele zur christlich-orthodoxen Variante des russischen Nationalismus, deren Verfechter bis heute gern die Begriffe »slavjanin« (Slawe) und »pravoslavnyj« (Orthodoxer) gleichsetzen.

Mit Strossmayer und Rački war der Katholizismus im 19. Jahrhundert unmittelbar an der Formulierung der jugoslawischen Vereinigungsidee beteiligt, in der man ein Mittel gegen die ungarische und deutsche Dominanz sah. Diese Haltung lässt sich bis in die

---

[18] Mirjana Gross; Agneza Szabo: Prema hrvatskome gradjanskom društvu. Druš tveni razvoj u civilnoj Hrvatskoj i Slavoniji šezdesetih i sedamdesetih godina 19. stoljeća. Zagreb 1992. S. 522 ff.
[19] Geert van Dartel: Ćirilometodska ideja i svetosavlje. Zagreb 1984. S. 72 ff.

Anfänge des ersten jugoslawischen Staates verfolgen – erst nach dem Attentat auf den kroatischen Bauernführer Stjepan Radić 1927 und der Verkündigung der »Königsdiktatur« 1929 kippte die Stimmung, und anstelle der »Brücke« wurde die Vorstellung vom »Schutzwall« wieder dominant. Seitdem hat der Kyrillo-methodianismus keine prominente Bedeutung mehr erlangen können. Das Bild der »Brücke« ist zwar auch im sozialistischen Jugoslawien nie ganz aus der katholischen Kirchenpresse verschwunden, musste aber der »unverbrüchlichen Treue zum Nachfolger Petri« den Großteil des Terrains überlassen: Vor allem von konservativen Bischöfen wurde der Papst als Beschützer der als bedroht empfundenen kroatischen Nation herausgestellt, eine Tendenz, die sich mit dem Amtsantritt des polnischen Papstes Johannes Paul II. noch verstärkte.

Außerdem wurde die kyrillomethodianische Idee in ihrer hergebrachten Form obsolet, als sich die katholische Kirche auf dem II. Vatikanischen Konzil (1962–65) vom Ziel der Union distanzierte. Aber aufgeschlossene katholische Intellektuelle (Tomislav Šagi-Bunić, Josip Turčinović u. a.) haben auch weiter die Vorstellung vom kroatischen Katholizismus als einer »Brücke« vertreten, die sie im ökumenischen Dialog umzusetzen versuchten. Nicht nur bei der eigenen Hierarchie, sondern auch bei der Serbischen Orthodoxen Kirche sind sie dabei auf Misstrauen gestoßen.

3. Die Rolle der Kirchen im sozialistischen Jugoslawien und darüber hinaus

3.1. Die Serbische Orthodoxe Kirche

Die Serbische Orthodoxe Kirche hat, wie alle anderen orthodoxen Nationalkirchen Osteuropas auch, im Sozialismus eine gesellschaftliche Randexistenz geführt. Von den radikalen Säkularisierungsmaßnahmen, die die jugoslawischen Kommunisten in den

---

[0] Enteignung fast des gesamten kirchlichen Grundbesitzes, strikte Trennung von

ersten Jahren ihrer Herrschaft durchführten[20], hat sich die Kirche bis heute nicht vollständig erholen können. Die kommunistische Herrschaft ist von der serbischen Orthodoxie als traumatisch wahrgenommen worden, und dies aus mehreren Gründen:

- Auf die extremen Zerstörungen der Kriegsjahre, die der Orthodoxie vor allem in Bosnien-Herzegowina und in Kroatien große Verluste an Gläubigen, Priestern und Kirchengebäuden zugefügt hatte, folgte ein Sozialismus, der in den Kirchen vor allem nationalistische und reaktionäre Kräfte sah und sie deshalb nach Möglichkeit marginalisieren wollte. Im Falle der SOK sah das so aus, dass das kirchliche Leben dort, wo es aufgrund der Verfolgungen durch die Ustaše einmal zusammengebrochen war, hinterher oft überhaupt nicht mehr in Gang kam.
- Die forcierte Industrialisierung und Urbanisierung der folgenden Jahre hat die soziale Basis der serbischen Orthodoxie immer weiter geschmälert. Eine orthodoxe Kirche ohne ausgebaute Soziallehre, ohne Erfahrung mit der Evangelisierung unter den Bedingungen der Industriegesellschaft war gegenüber dieser Entwicklung wehrlos. Die Modernisierung wurde daher zu einer Bedrohung für das traditionelle serbisch-orthodoxe Milieu: das Dorf und die patriarchale Großfamilie. Die Abwehr des sozialen Wandels konnte bei zeitgenössischen Theologen wie Justin Popović und Nikolaj Velimirović geistige Unterfütterung finden. Popović hat in seinen Werken eine fundamentale Kritik der westlichen Zivilisation formuliert; Velimirović ergänzte ihn durch die Formulierung einer »serbischen Idee«, einer Apologie des Serbentums mit seiner traditionell-balkanischen »Kollektivorthodoxie«.[21]
- Der aus der Sowjetunion Stalins, aus Bulgarien und Rumänien bekannte »Ausweg« der Orthodoxie, sich mit den kommunisti-

---

Kirche und Staat, atheistische Erziehung in den Schulen, drakonische Strafmaßnahmen gegen »widerspenstige« Priester und Bischöfe usw., s. Radmila Radić: Verom protiv vere. Država i verske zajednice u Srbiji 1945–1953. Beograd 1995.

[21] Vgl. R. Chrysostomus Grill: Serbischer Messianismus und Europa bei Bischof Velimirović. St. Ottilien 1998.

schen Regimen auf der Ebene des Nationalismus zu treffen, stand der serbischen Kirche nur begrenzt offen. Denn die jugoslawischen Kommunisten betrieben über weite Strecken keine serbisch-nationale Politik und förderten stattdessen die Bildung von Nationen, die bislang – auch über ihre Zugehörigkeit zur serbischen Orthodoxie – von den Serben für sich beansprucht worden waren (Montenegriner, Makedonier).

So bestand zwischen der Serbischen Orthodoxen Kirche und den jugoslawischen Kommunisten stets eine latente Spannung, die sich vor allem in der Weigerung der Bischöfe manifestierte, eine eigenständige makedonische Kirchenorganisation und die staatlich kontrollierten, republikweise organisierten Priestervereinigungen anzuerkennen. Ansonsten neigte die Kirchenleitung aber schon seit der Mitte der 50er Jahre zu einem eher defensiven Kurs gegenüber dem Staat, was sich auch in der orthodoxen Kirchenpresse niederschlug. Über Jahrzehnte klammerte man hier gesellschaftliche Fragen fast vollständig aus und beschränkte sich auf Liturgie, ein wenig Theologie und Traditionspflege.

Daneben gab es allerdings eine kirchliche Fundamentalopposition, die die serbische Kirchenleitung für ihren defensiven Kurs kritisierte und radikal antikommunistisch war. In diesen Kreisen, die erst in den 80er Jahren verstärkt an die Öffentlichkeit traten, sah man den Kommunismus (in Anlehnung an Justin Popović) als ein aus dem Westen stammendes Übel, das im Verein mit dem Katholizismus gegen gegen das orthodoxe Serbentum vorgehe – Gedanken, die auch bei russisch-orthodoxen Nationalisten populär waren und sind.

Dieser Wahrnehmung des Kommunismus als »des Fremden« stand eine teilweise verblüffende Ähnlichkeit von serbisch-orthodoxer Mythologie und jugoslawischem Partisanenmythos gegenüber. Denn bei beiden steht der *hajduk*, der (meist serbisch-orthodoxe) »gerechte Räuber« und Kämpfer gegen die osmanische Herrschaft, hoch im Kurs. Für die Kirche war er Ausdruck des serbischen Freiheitswillens gegen den andersgläubigen Unterdrücker, für die Kommunisten war er der balkanische »Protoproletarier«, ein frühes Vorbild für den kommunistisch geleiteten

»Volksbefreiungskampf« im Zweiten Weltkrieg. Meines Erachtens ist auch hierin ein wichtiger Grund für die rasche Säkularisierung der Serben unter dem kommunistischen Regime zu sehen: Einige Grundelemente des traditionellen serbisch-orthodoxen Weltbildes (Heroismus, Märtyrertum, Kampf gegen stets lauernde äußere und manchmal auch innere »Feinde«) konnten ohne größere Probleme in die Partisanenideologie »umgepflanzt« werden. Die nicht mit dem Marxismus kompatiblen Anteile der serbischen »Kollektivorthodoxie« untergruben die Kommunisten dagegen erfolgreich durch Modernisierung und durch administrative Maßnahmen gegen die Kirche.[22]

In den katholischen Gegenden ist die Substituierung der Religion durch die kommunistische Ideologie längst nicht so erfolgreich gewesen, weil der katholische Klerus viel schärfer auf die Bewahrung der im engeren Sinne christlichen Glaubensinhalte achtete.

Der serbische nationalistische Diskurs, der sich seit Mitte der 80er Jahre um die Auswanderung der Serben aus dem Kosovo entwickelte, hatte vor allem zwei Trägerschichten: Teile der säkularen Intelligenz, vor allem der Schriftsteller und Historiker, und Teile des orthodoxen Klerus. Schon 1982, vier Jahre vor dem berüchtigten »Memorandum« der Serbischen Akademie der Wissenschaften, hatten 21 Priester mit einem »Appell zur Verteidigung der serbischen Bevölkerung und seiner Heiligtümer auf dem Kosovo«[23] die nationale Debatte losgetreten. Der Tonfall, den die Priester dabei anschlugen, vermengte die menschenrechtliche Ebene mit dem Kosovomythos, war ausgesprochen wehleidig und von

---

[22] Über das Verhältnis der Kirchen zur Haduckentradition vgl. Ivo Žanić: Prevarena povijest. Guslarska estrada, kult hajduka i rat u hrvatskoj i bosni i Hercegovini 1990–1995. godine. Zagreb 1998. S. 155–160; über den Zusammenhang zwischen geringer Intensität der individuellen Glaubensaneignung in der Orthodoxie und der Säkularisierung im Kommunismus vgl. Dragoljub Djordjević, Bogdan Djurović: Secularization and Orthodoxy: The Case of the Serbians. In: Orthodoxes Forum 7 (1993), S. 215–220.

[23] Apel za zaštitu srpskog življa i njegovih svetinja na Kosovu. In: Pravoslavlje 364 v. 15.5.1982, S. 1–4.

Unverständnis für die albanische Seite geprägt. Die zentralen Figuren in der kirchlichen Kosovo-Kampagne waren mit der oben skizzierten kirchlichen Fundamentalopposition größtenteils identisch: Vor allem der Popović-Schüler Atanasije Jevtić, seit Sommer 1991 orthodoxer Bischof in der Ostherzegowina, hat sich hier durch unzählige, ausgesprochen hetzerische Publikationen hervorgetan.[24]

Die Rückkehr der Serbischen Orthodoxen Kirche in die Gesellschaft hing ganz offensichtlich mit der nationalen Mobilisierung zusammen. Wenn sich zu Beginn der 90er Jahre wieder eine Mehrzahl von Serben für »gläubig« erklärte[25], so war damit eher die Bezugnahme auf die nationale Tradition und Ideologie gemeint als eine tatsächliche »Kirchlichkeit«. Viele Priester waren keineswegs willens oder in der Lage, das sprunghaft gestiegene Interesse an der Kirche in geistliche Bahnen zu lenken, und so konnte es vorkommen, dass orthodoxe Gottesdienste zu nationalpolitischen »Meetings« verkamen.[26]

In Bezug auf Slobodan Milošević, der sich 1987 an die Spitze der serbischen Parteiorganisation putschte, herrschte in der Kirche Einigkeit und Zwietracht gleichzeitig: Sein nationalistischer Kurs wurde sowohl in der Kirchenhierarchie als auch an der Basis mit breiter Zustimmung aufgenommen. Doch zu Anfang der 90er Jahre hatten sich Teile der Priesterschaft, vor allem die oben erwähnte »Fundamentalopposition«, schon ganz eindeutig von dem »Kommunisten« Milošević abgesetzt und sich »reinen«, »ehrenhaften« Nationalisten und Monarchisten wie Vuk Drašković zugewandt. Die älteren, noch unter Tito ins Amt gewählten Bischöfe wie der Zagreber Metropolit Jovan Pavlović haben diesen Schritt teilweise nicht mitvollzogen und galten daher bei ihren innerkirchlichen Gegnern als »Leute des Regimes«.

---

[24] Viele dieser Beiträge, die sowohl in der serbischen Kirchen- als auch säkularen Presse veröffentlicht wurden, sind 1991 gesammelt in französischer Übersetzung erschienen: Athanase Jevtitch [Atanasije Jevtić]: Dossier Kosovo. Lausanne 1991.

[25] Vgl. Politika v. 10.5.1993.

[26] Vgl. *Glas Koncila* Nr. 4 v. 21.1.1989, S. 2 und Nr. 11 v. 12.3.89, S. 2.

Mit der Frage des Nationalismus hatte diese Spaltung allerdings nichts zu tun. Denn alle bedeutenderen serbischen Parteien scharten sich Anfang der 90er Jahre um zwei politische »Alternativen«: Entweder ein serbisch dominiertes Jugoslawien oder ein »Großserbien«. Erst als Milošević 1993 Druck auf den bosnischen Serbenführer Radovan Karadžić ausübte, dem Kantonisierungsplan der internationalen Vermittler Vance und Owen zuzustimmen, entschied sich die Kirchenleitung für die radikaleren Nationalisten und Antikommunisten. Die Bischofsversammlung unterstützte ausdrücklich die bosnischen Serben, die zu diesem Zeitpunkt weiterkämpfen wollten.

Die alte Spaltung in der serbischen Kirchenhierarchie brach dann 1995 wieder in aller Deutlichkeit auf, als Milošević, unterstützt von Patriarch Pavle, Radovan Karadžić entmachtete und für die bosnischen Serben das Abkommen von Dayton unterschrieb. Die »Fundamentaloppositionellen« und Popović-Schüler Atanasije, Artemije und Amfilohije meinten daraufhin, Pavle habe durch seinen Einsatz für Milošević »das Schicksal der bosnischen Serben in die Hände eines ›gottlosen Herrschers‹ gelegt, der die serbische Sache in Dayton erneut verraten habe.«[27]

Im Verlauf des Kosovo-Konflikts seit 1997 scheint die Fraktionierung des serbischen Episkopats noch komplizierter geworden zu sein. Denn angesichts der Spirale der Gewalt zwischen der UĆK und den von Belgrad kommandierten Polizeikräften scherte der serbische Bischof des Kosovo, Artemije, aus der bislang ultranationalistischen Linie der »Fundamentalopposition« aus und begann, sich öffentlich für ein demokratisches, multiethnisches Kosovo einzusetzen. Als dann im März 1999 die Bombardements der NATO begannen, konnte man die Verlautbarungen der serbischen Bischöfe nunmehr in drei »Lager« einteilen:

- die »Regimetreuen« um den serbischen Patriarchen und die älteren Bischöfe, die sich in relativ gemäßigten Worten hinter die serbische Führung stellten und dabei auch deren Darstellung

---

[27] Anne Herbst: Serbische Bischöfe gegen Patriarchen. In: Glaube in der 2. Welt 24 (1996) 3, S. 14.

wiederholten, nach der die albanischen Flüchtlinge von den NATO-Bomben und nicht vor den serbischen »Sicherheitskräften« davonliefen.[28]

- die »demokratischen Patrioten« um den Kosovo-Bischof Artemije und den montenegrinischen Metropoliten Amfilohije, die beide aus der »Fundamentalopposition« stammen, aber in den letzten Jahren ihre antiwestlichen Positionen gemildert haben. Artemije trat einerseits als entschiedener Gegner der NATO-Bombardierung auf, gestand aber schon während des Krieges Verbrechen der serbischen Seite ein und gab der Belgrader Führung die Hauptschuld für die entstandene Situation.[29] Sein Amtsbruder Amfilohije näherte sich während der Bombardierung an den montenegrinischen Präsidenten Djukanović an.

- der »Ultranationalismus« bzw. die »Ultraorthodoxie« des herzegowinischen Bischofs Atanasije Jevtić. Atanasije gab zu Beginn des Krieges eine separate Erklärung ab, in der er sowohl gegen die »umenschlichen und gottlosen Tyrannen des so genannten christlichen Westens« als auch gegen die »antinationale, oft verräterische und unfreiheitliche Politik« der Belgrader Regierung wetterte.[30] Er ist offensichtlich von allen Popović-Schülern am stärksten den antiwestlichen wie antikommunistischen Positionen seines Lehrers treu geblieben .

Nach dem Ende des Krieges hat der Heilige Synod zunächst einen Schritt auf die politische Opposition zugetan, indem er am 15. Juni 1999 den Rücktritt Miloševićs forderte.[31] Aber in dem Maße, wie die jüngste Auflehnung gegen das Regime verebbte, ließ offen-

---

[28] Saopštenje za javnost sa redovnog zasedanja Svetog Arhijerejskog Sabora Srpske Pravoslavne Crkve održanog u Beogradu od 13.–15. maja 1999. godine. In: Homepage des Belgrader Patriarchats <http://www.spc.org.yu> am 25.5.1999.

[29] Artemije, episkop raško-prizrenski: Uskršnji proglas srpskom narodu Kosova i Metohije (Prizren, 27.3.1999). In: Homepage des Belgrader Patriarchats am 25.5.1999.

[30] Saopštenje eparhije Zahumsko-Hercegovačke i primorske. In: Glasnik Srpske Pravoslavne Crkve v. 4.4.1999, S. 71 f.

[31] Die Mitteilung des Heiligen Bischöflichen Synods der Serbisch-Orthodoxen Kriche vom 15. Juni 1999. In: VIA-Belgrad-Meldung v. 16.6.1999.

sichtlich auch die politische Entschlusskraft des serbischen Patriarchen nach, der sich bei Sympathiebekundungen für die Opposition stets ein Hintertürchen offen gelassen hat, wohl um im Falle eines drohenden Bürgerkrieges als »unparteilicher Vermittler« auftreten zu können. Am 29. November 1999, dem »Tag der Republik«, folgte der Patriarch einer Einladung zum offiziellen Empfang bei Milošević. Bischof Artemije kritisierte diesen Schritt scharf: »Nach all dem, was Herr Milošević in den letzten 10 Jahren nicht nur dem serbischen Volk angetan hat, und nach der Tragödie, die er in Kosovo sowohl den Albanern als auch den Serben bereitet hat (...) hat eure Entscheidung, die Einladung anzunehmen und Miloševics Füße zu küssen (...) im ehrenwerten Klerus und bei der Mehrheit des christlich orthodoxen Volkes Erstaunen und Zweifel geweckt.«[32]

Die »Rolle der Christen im Balkankonflikt« ist also, wenn man von der Serbischen Orthodoxen Kirche spricht, noch lange kein abgeschlossenes Thema. Denn in Serbien dauert, mehr als irgendwo sonst im ehemaligen Jugoslawien, ein latenter Kriegszustand an, der auch die Kirche nicht zur Ruhe kommen lässt. Gegenwärtig überkreuzen sich Impulse der Selbstreinigung mit jenem traditionellen Selbstmitleid, das die gesamte Geschichtsbetrachtung der serbischen Orthodoxie durchzieht. Die Vertreibung der meisten Kosovoserben seit dem NATO-Einmarsch im Juni 1999, die internationale Isolierung und die wirtschaftliche Katastrophe scheinen eher dem Selbstmitleid Strömung Auftrieb zu verleihen.

3.2. Die Katholische Kirche bei den Kroaten

So sehr beide christlichen Großkirchen in Tito-Jugoslawien gesellschaftlich und politisch an den Rand gedrängt waren, bestanden doch Unterschiede in Grad und Art der Marginalisierung. Während die Orthodoxie wie auch der Islam schon Mitte der 50er Jah-

---

[32] Kosova Archbishop Criticizes Serbian Patriarch. In: RFE/RL Newsline Vol. 3, No. 236, Part II, 7. 12. 1999 <http://www.rferl.org/newsline/>.

re weitgehend »gezähmt« und für die Kommunisten unproblematisch geworden waren, blieb das Verhältnis zur katholischen Kirche bis zum Zerfall des Staates problematisch, gespannt, aber auch dynamisch. Wie in anderen kommunistischen Ländern auch, erwies sich die katholische Kirche bei den Kroaten als schwer kontrollierbar. Ihre Ausrichtung auf das im kapitalistischen Westen befindliche Rom, ihre der kommunistischen Partei in vielem ebenbürtige straffe Organisation, die mit dem dialektischen Materialismus nur schwer kombinierbare Soziallehre und der traditionell intensive Einfluss auf die katholische »Herde« schufen eine Konkurrenzsituation zwischen Kommunisten und kroatischem Klerus. Hinzu kam noch, dass sich der Großteil der kroatischen Priester zwar, wie die Mehrheit des Volkes, schon zu Beginn des Krieges von der faschistischen Ideologie des Ustašastaats abgewandt, den »Traum« von der Eigenstaatlichkeit aber keineswegs aufgegeben hatte.

Die jugoslawischen Kommunisten hatten diese Probleme vorausgesehen und versuchten zunächst, den Zagreber Erzbischof Alojzije Stepinac zur Lösung der Verbindung mit Rom und zur Gründung einer kroatischen Nationalkirche zu veranlassen. Erst als Stepinac dies ablehnte und obendrein nicht die geringste Bereitschaft zeigte, sich mit der kommunistischen Herrschaftsausübung, der gewaltsamen Säkularisierung und Priesterverfolgung abzufinden, strengte die Belgrader Führung 1946 einen Schauprozess gegen ihn an. Dabei versuchte der Staatsanwalt Jakov Blažević, Stepinac als fanatischen Ustašafreund darzustellen, als einen Inspirator und Organisator der Ustašabewegung, die wiederum im Auftrag des Vatikans gehandelt habe.[33]

Aufgrund des Schauprozesses, in dem Stepinac zu 16 Jahren Zwangsarbeit verurteilt wurde[34], wurde der Erzbischof im Pantheon der jugoslawisch-sozialistischen Mythen den »Bösen« zuge-

---

[33] Vgl. Stella Alexander: The triple myth. A life of Archbishop Alojzije Stepinac. New York 1987. S. 145 ff.

[34] 1951 wurde Stepinac zu Hausarrest in seinem Geburtsort Krašić begnadigt; dort starb er 1961.

ordnet. Interessant ist hier der Vergleich mit dem Fall des serbischen Bischofs Nikolaj Velimirović, der sich ebenfalls unter den »Bösen« wiederfand. Velimirović warfen die Kommunisten mit einigem Recht[35] vor, er sei ein Inspirator der großserbischen Četnik-Bewegung gewesen. Ausserdem hatte er 1945 die Totenmesse für den serbischen Faschistenführer Dimitrije Ljotić abgehalten. Der 1956 in den USA verstorbene Velimirović, der seit Mitte der 80er Jahre von Teilen der Serbischen Orthodoxen Kirche als Heiliger und Märtyrer während der deutschen Okkupationszeit verehrt wird, hatte ausgerechnet seine KZ-Haft in Dachau zur Abfassung antisemitischer Tiraden genutzt.[36] Es gibt daher eine Reihe von Anzeichen dafür, dass Velimirović in stärkerem Maße als Stepinac an der Entstehung national-chauvinistischer, sich auf Religion berufender Ideen beteiligt war.

Dennoch ist das Andenken an den »bösen Stepinac« in der Mythenwelt des jugoslawischen Sozialismus über Jahrzehnte lebendiger geblieben als die Erinnerung an den »bösen Velimirović«. Dies hängt meines Erachtens vor allem damit zusammen, dass Stepinac den Kommunisten ungleich mehr Angriffsfläche bot als Velimirović. Denn während Stepinac 1945 im Land geblieben war und keinerlei Bereitschaft zeigte, von seinen Überzeugungen abzuweichen, emigrierte Velimirović nach dem Krieg in die USA. Da sich die Belgrader Kirchenleitung bald von ihm distanzierte, konnte das Thema »Velimirović und der serbische Chauvinismus« bald von der Tagesordnung verschwinden. Im Fall Stepinac war das anders. Er lehnte es strikt ab, das Land zu verlassen, und blieb über seinen Tod 1960 hinaus ein schweigendes, aber immer präsentes Symbol des kroatisch-katholischen Antikommunismus. Daher verankerte sich auch der propagandistische Kampf gegen ihn und »seine Linie« intensiver im jugoslawisch-sozialistischen Welt-

---

[35] Vgl. die Zusammenfassung von Velimirovićs religiöser Nationalideologie bei R. Chrysostomus Grill: Serbischer Messianismus und Europa bei Bischof Velimirović. St. Ottilien 1998.

[36] Nikolaj Velimirović: Govori srpskom narodu kroz tamnički prozor. Dachau 1945. In: Ders.: Sabrana dela [Gesammelte Werke], Bd. 13. Himmelsthür 1986. S. 187–350.

bild als im Falle Velimirovićs . Außerdem bot das gespannte Verhältnis zwischen der katholischen Kirche und den Kommunisten vor allem in den 70er und 80er Jahren immer wieder Anlass, die alte Motivik des Schauprozesses aufleben zu lassen. Und nicht zuletzt war Stepinac auch ein Symbol des Strebens nach kroatischer Staatlichkeit, das bis zum Zerfall 1991 in latentem bis offenen Widerspruch zur jugoslawischen Idee blieb.

Die Serbische Orthodoxe Kirche wie auch die Katholische Kirche bei den Kroaten sahen sich als Hüterinnen der jeweiligen nationalen Traditionen gegenüber dem jugoslawischen Staat, den sie nicht nur als kirchenfeindlich, sondern auch als entnationalisierend wahrnahmen. Dabei war es ausgerechnet die katholische Kirche mit ihrer historisch gesehen viel jüngeren Rolle als »nationalisierende« Kraft, die sich besonders effektiv zur Sprecherin »ihrer« Nation machte. Denn im Gegensatz zur SOK wusste sie einen Großteil der Kroaten hinter sich: Mitte der 80er Jahre ergaben religionssoziologische Studien, dass sich in der Region Zagreb 51,4 Prozent der Befragten für gläubig erklärten, in der serbischen Region Niš dagegen nur 23,81 Prozent.[37]

Als Tito 1971 den demokratisch-nationalen »kroatischen Frühling« niederschlagen ließ, ist der katholischen Kirche dann die Rolle der *zentralen* nationalen Institution zugefallen. Denn während nun die kommunistische Partei Kroatiens, die Kulturinstitution *Matica hrvatska* und die säkularen Medien von nationalen Aktivisten gesäubert wurden, waren die Möglichkeiten zum Vorgehen gegen die katholische Kirche – vor allem seit dem Abkommen mit dem Vatikan von 1966 – begrenzt.

Allerdings kann man nicht sagen, dass die kroatische Kirche ihre »Sprecherrolle« immer einheitlich wahrgenommen hätte. Es gab einen deutlichen Gegensatz zwischen den oft eher liberalen und gegenüber den jugoslawischen Marxisten dialogbereiten Theologen (Tomislav Šagi-Bunić, Josip Turčinović) und den eher

---

[37] Štefica Bahtijarević: Religijska situacija na području zagrebačke regije. Zagreb 1985. S. 119; Dragoljub B. Djordjević: Beg od crkve. Proces sekularizacije u niš kom regionu. Knjaževac 1984. S. 76.

konservativen Bischöfen. Der langjährige Zagreber Erzbischof Franjo Kardinal Kuharić (1970–1997) orientierte sich am Antikommunismus und am patriotischen Traditionalismus seines ehemaligen Vorgesetzten und Vorbilds Alojzije Stepinac.[38] Diese Linie dominierte meist auch die kroatisch-katholischen Großveranstaltungen wie Wallfahrten und »nationale Eucharistiekongresse«, die teilweise hunderttausende von Gläubigen anzogen und zu Manifestationen eines traditionellen Volkskatholizismus wurden.[39] Lange bevor orthodoxe Feiertage wie der St. Veitstag (Tag der Schlacht auf dem Amselfeld, 28. Juni) oder der Tag des Hl. Sava (27. Januar) Ende der 80er Jahre die serbischen Massen mobilisieren konnten, brachte der kroatische Katholizismus größere Menschenmassen auf die Beine als irgendein sozialistischer Feiertag. Abgesehen von der zeitlichen Verschiebung gab es allerdings noch einen wesentlichen Unterschied zwischen den serbisch-orthodoxen und kroatisch-katholischen Großveranstaltungen: An den serbischen kirchlich-nationalen Massenversammlungen, die ja erst Ende der 80er Jahre aufkamen, war in aller Regel die serbische Politik beteiligt; sie standen in unmittelbarem Zusammenhang mit den serbischen Forderungen nach einer großserbisch-zentralistischen Neuordnung Jugoslawiens. Die katholische Kirche hat dagegen schon Jahre vorher Großveranstaltungen gegen den latenten Widerstand des politischen Establishments durchgeführt, wobei sie darauf achten musste, sich nicht dem Vorwurf der Politisierung der Massen auszusetzen. Nach dem Wahlsieg Franjo Tudjmans im Frühjahr 1990 setzte dann allerdings auch hier eine starke Vermengung von religiöser und politischer Manifestation ein.

Der kroatische Klerus hatte daher eine ausgesprochene Übung in der Leitung dieser national-kirchlichen Ereignisse gesammelt,

---

[38] Aufschlussreich für die Haltung und das Wirken des »Mythos Stepinac« auf die kroatische Kirchenleitung sind die Predigten, die Kuharić regelmäßig an Stepinac Todestag, dem 10. Februar, in der Zagreber Kathedrale hielt. (Franjo Kardinal Kuharić: Poruke sa Steppinčeva groba. Zagreb 1990).

[39] So besuchten im September 1984 700 000 Menschen den »Nationalen Eucharistiekongress« im Marienheiligtum Marija Bistrica bei Zagreb. (vgl. NEK '84 – najveća hrvatska misa u povijesti. In: *Glas Koncila* 538 v. 16. 9. 84, S. 1.

die er später, nach dem Aufstieg und der »Umarmung« durch Franjo Tudjman, wenigstens teilweise zur Begrenzung der gröbsten nationalistischen Entgleisungen nutzte. Der serbischen Kirche gelang diese Trennung von christlichen Inhalten und weltlich-nationalistischen Ideologien wesentlich weniger, und das nicht nur auf Großveranstaltungen, sondern auch in der kirchlichen Publizistik. Bis Ende 1989 sind die meisten prominenten nationalistisch-antikommunistischen Intellektuellen Serbiens zu freien Mitarbeitern der orthodoxen Kirchenzeitschriften *Pravoslavlje* oder *Glas Crkve* geworden; gemeinsam mit einigen Priestern formulierten sie die schärfsten Attacken gegen Albaner, Kroaten, und schließlich gegen praktisch alle Nichtorthodoxen und Nichtserben. Der serbische Episkopat blieb in seinen gemeinsamen Stellungnahmen meist gemäßigter, ließ aber die »Scharfmacher« gewähren, übte also offenbar – im Gegensatz zu den kroatischen Bischöfen – weniger disziplinarische Kontrolle aus. Dagegen blieb die kroatische Kirchenpresse unter der Aufsicht des höheren Klerus – eine Tatsache, die vor und nach dem Kriegsausbruch zur Mäßigung der kirchlichen Öffentlichkeit beigetragen hat.[40]

Wie auch bei den Serben, war bei den Kroaten Ende der 80er Jahre die Kirche ein bedeutender Faktor der nationalen Mobilisierung und Homogenisierung. Das konnte auch nicht anders sein, da sich die seit 1986 zunehmenden Attacken aus Belgrad in erster Linie gegen die katholische Kirche richteten, in der man den Kern eines immer noch latenten kroatischen Kleronationalismus sah. Im Mittelpunkt stand dabei die Rolle des Erzbischofs Stepinac und des Vatikans im Zweiten Weltkrieg. Die zentrale kroatische

---

[40] Zu den Inhalten der Kirchenpresse vor und während der Kriege in Kroatien, Bosnien-Herzegowina und Kosovo vgl. Klaus Buchenau: Die Serbische Orthodoxe Kirche im Kosovokonflikt. Arbeitspapiere des Osteuropa-Instituts der Freien Universität Berlin 2/1999, S. 5–43; Hans-Joachim Härtel: Die Darstellung des Verhältnisses von Staat und Kirche in *Pravoslavlje*. In: Thomas Bremer (Hg.): Religion und Nation im Krieg auf dem Balkan. Beiträge des Treffens deutscher, kroatischer und serbischer Wissenschaftler vom 05.–09. April 1995 in Freising. Bonn 1996. S. 143–150; Katrin Boeck: Die Darstellung von Religion und Nation in *Glas Koncila*. In: Ebd., S. 127–142.

Kirchenzeitung *Glas Koncila* hat sich über eine längere Zeit ruhig und sachlich verteidigt, hat vorgeschlagen, sich dem Thema »Kirche und Ustaše« nicht auf der Grundlage von Emotionen, sondern von historischem Quellenmaterial zu nähern.[41] Ende 1988 ging *Glas Koncila* dann allmählich zum Gegenangriff über, schrieb über die Verbrechen der »anderen Seite«, der Četnici, und bezeichnete den Haupttrend der serbischen Historiographie als »putschistisch«.[42]

Hatte vor 1989 das Hauptanliegen von *Glas Koncila* in der Verteidigung der Rechte der Gläubigen gelegen, verschob sich nun – unter dem Eindruck der Belgrader Mobilisierung – der Schwerpunkt auf die Homogenisierung der Nation, auf die Schaffung von kollektiver Verteidigungsbereitschaft. Nun tauchte in der kroatischen Kirchenpresse eine nationalistische Strömung auf, die, ganz ähnlich wie in Serbien seit etwa 1987, in oft hysterischer Weise die Not der eigenen Nation beklagte. Eines der wichtigsten Themen war dabei die nach Ansicht vieler Kirchenleute zu niedrige kroatische Geburtenrate von 1,3 %, die der Priester Anto Baković zu einer Überlebensfrage der kroatischen Nation stilisierte. Auf einem Familienkongress im Oktober 1989 in Zagreb meinte er, gegenwärtig werde in Kroatien »die größte und vielleicht auch die letzte Schlacht in der Geschichte diese Volkes geschlagen – DIE SCHLACHT UM DAS LEBEN (...).«[43] In diese Zeit fällt auch die offene Annäherung von antikommunistischen Intellektuellen wie des späteren rechten HDZ[44]-Politikers Vladimir Šeks an die katholische Kirche, und nicht zuletzt auch die ersten offenen Sympathiebekundungen der kroatischen Priesterschaft für ehemaligen Armeegeneral, »Historiker« und Dissidenten Franjo

---

[41] Vgl z. B. den redaktionellen Kommentar in *Glas Koncila* 22 (1986), S. 2.

[42] Obljetnica pogibije »Drinskih mučenica«: Život za obranu ljudskog dostojanstva. In: *Glas Koncila* v. 11. 12. 1988, S. 3; J. Matić: Tribina: Crvka na nišanu »pučističe historiografije«. In: *Glas Koncila* v. 26. 02. 1989, S. 11.

[43] Primjedbe nakon XV. Medjunarodnog obiteljskog kongresa: Vapaj umiruće Hrvatske. In: *Glas Koncila* v. 2. 11. 1989, S. 2.

[44] HDZ: Hrvatska demokratska zajednica (Kroatische Demokratische Gemeinschaft), die kroatische Regierungspartei von 1990–1999.

Tudjman. Was die Kirche von Tudjman wollte und bekam, war Schützenhilfe gegen die immer schärferen Attacken aus Belgrad und der serbischen Öffentlichkeit. Die in Bezug auf den »Unabhängigen Staat Kroatien« apologetischen Tendenzen Tudjmans taten seiner Popularität bei den katholischen Priestern keinen Abbruch.[45] Im Gegenteil, gerade nach dem Wahlsieg Tudjmans verwandelte sich die über Jahrzehnte praktizierte sachliche Gegenwehr gegen kommunistische und später serbisch-nationale Anschuldigungen teilweise in Selbstmitleid und Selbstbeweihräucherung. So wurden in der Darstellung von *Glas Koncila* die Verbrechen von Kommunisten und serbischen Četniks immer größer, so daß neben ihnen die Ustaša-Verbrechen immer kleiner erschienen.[46] Die Bereitschaft zum ökumenischen Gespräch waren im Vorfeld des Krieges also auch von kroatisch-katholischer Seite denkbar schlecht.

Ähnlich wie die Orthodoxie bei den Serben, war also der Katholizismus bei den Kroaten im Vorfeld des Krieges an der nationalen Homogenisierung beteiligt. Allerdings dürfen gerade hier wesentliche Unterschiede nicht übersehen werden:

- die kroatische nationale Homogenisierung erfolgte als **Antwort** auf eine entsprechende Entwicklung in Serbien und dann bei den Serben in Kroatien, die bereits drei Jahre vorher mit dem Memorandum der Belgrader Akademie der Wissenschaften ein-

---

[45] Vgl. das erste Interview mit Franjo Tudjman, das *Glas Koncila* v. 30.7.1989 (S. 5) veröffentlichte, sowie den Bericht über das begeisterte Echo einer Priesterversammlung in Vinkovci auf den Redner Tudjman, der hier im Oktober 1989 seine Thesen von einer weitestgehend unschuldigen kroatischen Nation vortrug (in *Glas Koncila* v. 5.11.1989, S. 5).

[46] Der Schwund an Selbstkritik hing unmittelbar mit der Rehabilitation der Exilkroaten zusammen, die nicht nur von der Tudjman-Regierung, sondern auch von der Kirche eifrig betrieben wurde. Vgl. z.B. das Interview mit mons. Stjepan Lacković, der von 1941 bis 1945 der Sekretär des Erzbischofs Stepinac gewesen und dann ins US-amerikanische Exil gegangen war. Seine Darstellung der Darstellung der Katholisierungspolitik im Ustaša-Staat wie auch des Lagers Jasenovac konnte auch von Gutwilligen als Verharmlosung verstanden werden und fiel deutlich hinter die Kritik zurück, die Stepinac selbst gegenüber den Ustaše formuliert hatte (Glas Koncila 46 (1990), S. 7).

gesetzt hatte. Seitdem hatte im serbischen Diskurs die Forderung nach Rezentralisierung, »Einheit« und Dominanz des Serbentums im Mittelpunkt gestanden. Die Zagreber Reaktion auf die serbische Kampagne im Kosovo blieb zunächst sehr verhalten; erst als sich 1988 die Stoßrichtung gegen die Republik Kroatien wendet, formiert sich langsam Widerstand. Diese Abfolge gilt auch im kirchlichen Bereich: Das katholische »Zentralorgan« *Glas Koncila* reagierte nur sehr wenig auf die serbisch-orthodoxe Kosovokampagne, berichtete bis Mitte 1988 sehr wohlwollend und solidarisch über die Auseinandersetzungen der serbischen Orthodoxie mit der staatlich verordneten Atheisierung.[47] Danach erschienen allerdings in den serbischen Kirchenzeitungen *Pravoslavlje* und *Glas Crkve* immer häufiger Artikel, die der katholischen Kirche direkt oder indirekt unterstellten, sie beteilige sich an einer »Verschwörung« gegen das serbische Volk und die Orthodoxie – was man daran sehen könne, dass sie sich nicht mit den »serbischen Märtyrern« im Kosovo identifiziere. Von da aus gelangt der serbisch-orthodoxe Diskurs sehr schnell zu der Schlussfolgerung, dass auch die Serben im katholischen Kroatien bedroht seien, da die katholische Kirche ihre »Komplizenschaft« mit dem Ustašaregime offenbar nicht ausreichend bereue.[48] Erst hier setzt die katholische Gegenkampagne ein.

• während die serbisch-orthodoxe Homogenisierung die Einheit von Serbentum, serbischer Staatlichkeit und Orthodoxie in aller Regel voraussetzte, hat es in der katholischen Kirche auch in der Hochphase der Mobilisierung zwischen 1989 und 1995 immer wieder Stimmen gegeben, die vor eben dieser Gleichsetzung warnten. Dies gilt insbesondere für den langjährigen Chefredakteur von *Glas Koncila* Živko Kustić, dem eine welt-

---

[47] Vgl. etwa die Berichterstattung von *Glas Koncila* über die Auseinandersetzung zwischen dem orthodoxen Bischof Amfilohije und der Führung der Vojvodina im Winter 1987/88. (*Glas Koncila* v. 14.2.1988, S. 4).

[48] Vgl. die Polemik zwischen dem Belgrader Theologen Atanasije Jevtić und der Chefredakteur von *Glas Koncila*, Živko Kustić. (Pravoslavlje v. 1.9.1988, S. 4–6).

anschaulich und religiös durchaus pluralistische Gesellschaft vorschwebte, die sich aber in einem Punkt – der staatsbürgerlichen Loyalität zur Republik Kroatien – einig sein sollte. Im Zusammenhang damit war bei Kustić eine Tendenz zur Leugnung der serbischen Nation in Kroatien nicht zu übersehen.[49]
Insgesamt lässt sich die Haltung der katholischen Kirche zur 1990 gewählten Regierung unter Franjo Tudjman als »kritische Loyalität« bezeichnen, wobei bis zur Wahl des neuen Zagreber Erzbischofs Josip Bozanić die Akzentuierung auf der Loyalität, danach mehr auf der Kritik lag. Aber selbst unter seinem Vorgänger Franjo Kuharić, dessen Denken nach Ansicht eines kroatischen Kirchenhistorikers durch »drei Obsessionen: Antikommunismus, Patriotismus und Moralität«[50] bestimmt wurden, hat die katholische Kirchenleitung doch einen Mindestabstand zur kroatischen Führung gewahrt: Vor allem hat sie sich von vornherein gegen die Aufteilung Bosnien-Herzegowinas zwischen Serben und Kroaten gewandt, mit der Franjo Tudjman schon vor Beginn des Krieges liebäugelte und die er 1993/94 dann auch aktiv betrieb.[51]

Weniger eindeutig war die Reaktion bei der kroatischen Rückeroberung der Krajina und Westslawoniens 1995, bei der etwa 180 000 Serben flüchteten und von den verbliebenen 20 000 ungefähr 10 Prozent von kroatischen Kräften ermordet wurden. Kuharić kritisierte zwar die kroatische Selbstjustiz und forderte die Krajina-Serben in seiner Weihnachtsbotschaft zur Rückkehr auf, schränkte aber ein, sie müssten »auch Kroatien als ihr Heimatland anerkennen« – was von den Flüchtlingen sicherlich nicht als versöhnliche Geste wahrgenommen wurde. Entschiedener äußerte sich dagegen der katholische Erzbischof von Belgrad, Franc Perko. Der durch seine slowenische Herkunft weniger vorbelastete Perko

---

[49] Vgl. Kustićs Kolumnen, die er vor und während des Krieges für das Magazin »Globus« schrieb und 1995 geammelt veröffentlichte (Živko Kustić: Hrvatska – mit ili misterij? Zagreb 1995; hier besonders: Dokle je Hrvatska?, S. 36–38).
[50] Gespräch mit dem Autor dieses Beitrags am 31.3.1999.
[51] Einen gut dokumentierten Überblick zur kroatischen Kirche in den Jahren 1993/94 bietet Frano Prcela: Aus der Römisch-katholischen Kirche in Kroatien. In: Kirche im Osten 39 (1996), S. 166–176.

bezeichnete den Modus der Rückeroberung als einen der »größten moralischen Fehlschläge«, mit dem Kroatien sein bisheriges Ansehen preisgegeben habe.[52]

Auch in der Nachkriegszeit hat es immer wieder Kritik an der katholischen Kirche gegeben. So meinte der unabhängige Journalist Krsto Cvijić 1997, die Kirche sei eine »stillschweigende Symbiose« mit der regierenden »Kroatischen Demokratischen Gemeinschaft« (HDZ) eingegangen und habe sich innenpolitisch zu sehr auf »katholische Themen« wie die Abtreibung gestützt, anstatt die Missstände unter dem Tudjman-Regime (Korruption, Vetternwirtschaft, Schürung von Hass gegen Serben und Muslime, Unterdrückung der freien Meinungsäußerung in den Medien) anzuprangern.[53]

Der neue Zagreber Erzbischof Josip Bozanić, der 1997 den seit über 25 Jahren amtierenden Franjo Kuharić ablöste, ist diesem Vorwurf recht deutlich entgegengetreten, indem er wiederholt den Nepotismus und die Machtverliebtheit von Teilen des politischen Establishments kritisierte.[54] Im November 1999 forderte er, Kroatien müsse »politisch und psychologisch« auf Europa orientiert bleiben. Das war ein offensichtlicher Seitenhieb gegen Tendenzen in der Regierungspartei HDZ, Europa als erneute Gefahr für die kroatische Souveränität darzustellen, der Staatengemeinschaft die Schuld am wirtschaftlichen Misserfolg Kroatiens zu geben und so zu tun, als könne das Land auf Integration verzichten.[55]

Im Vorfeld der Parlamentswahlen hat *Glas Koncila* die Wähler daher zumindest indirekt dazu ermutigt, für einen Wechsel zu stimmen – ohne sich dabei vom »staatsschöpferischen« Erbe

---

[52] Vgl. Anne Herbst: Kroatien: »Moralischer Fehlschlag«. In: Glaube in der 2. Welt 24 (1996) 2, S. 9.

[53] Kirche und Staat in Kroatien. Katholisches Aroma im politischen Konzept. In: Osteuropa 5 (1999), A 220–A 229.

[54] Vgl. die Weihnachtsbotschaft Bozanićs von 1998, in der Weihnachtsausgabe von *Glas Koncila*.

[55] Croatian archbishop warns against isolation. In: RFE/RL (a. a. O.), Balkan Report, Vol. 3, No. 46, 12 November 1999.

Tudjmans zu distanzieren. In einem Kommentar von Anfang Januar 2000 beschwerte sich *Glas Koncila* daher über das »arrogante und verletzende Verhalten der internationalen Gemeinschaft«[56], deren hohe Vertreter dem Begräbnis Franjo Tudjmans ferngeblieben waren ...

4. Rückblick und Ausblick

Kann man über die »Rolle der Christen im Balkankonflikt« sprechen, ohne gleich die Gesamtheit des Nationalitätenproblems nachzuerzählen und durchzuanalysieren? Wie der hier vorliegende Versuch zeigt, ist das nicht möglich: denn die katholische wie die orthodoxe Kirche sind so eng mit den kollektiven Identitäten von Serben und Kroaten verknüpft, dass die Konfession, und sei es auch nur als äußeres Zeichen der Gruppenzugehörigkeit, so gut wie immer mit im Spiel ist.

Aber zurück zu den Fragen aus der Einführung. Wie gezeigt worden ist, geht die Gleichsetzung von konfessioneller und nationaler Identität bei der Serbischen Orthodoxen Kirche besonders weit. Vor allem die Identifikation mit dem Verlangen des serbischen Volkes nach kollektiver »Freiheit«, die nach verbreiteter Vorstellung ohne den Kampf gegen alte und neue »Feinde« nicht zu haben sei, hat die orthodoxe Kirche teilweise zur Komplizin der serbischen Eroberungspolitik der 90er Jahre werden lassen. Schwächer, aber ebenfalls unübersehbar war eine – teilweise von Bischöfen gedeckte – Tendenz, die Kriege in Kroatien, Bosnien-Herzegowina und im Kosovo als Religionskriege, als »Verteidigung der heiligen Orthodoxie« zu interpretieren.

Im Falle des kroatischen Katholizismus ist die Gleichsetzung von Nation und Konfession ein relativ junges Konstrukt, dass erst in den 30er Jahren des 20. Jahrhunderts Massenwirkung erlangte. In der Ideologie der Ustaša-Bewegung nahm dieses Konzept, welches sich mit der Idee des Kroatentums als einem »Vorposten des

---

[56] *Glas Koncila* v. 9.1.2000, S. 3.

Abendlandes« verbindet, einen tragischen Aufschwung. Die kommunistische Partei hat nach 1945 – vor allem aus machtpolitischen Gründen – danach getrachtet, die Gleichsetzung von katholischer, auf Rom zentrierter Konfession und kroatischer Nation zu unterbinden. Herausgekommen ist dabei aber eher das Gegenteil – besonders nach der gewaltsamen Beendigung des »kroatischen Frühlings« 1971 wurde die katholische Kirche zur wichtigsten kroatisch-nationalen Institution. Als solche ist sie von den kommunistischen Medien viel häufiger attackiert worden als die lange Zeit relativ passive orthodoxe Kirche, was wiederum auf katholischer Seite eine defensive, apologetische Tendenz gegenüber der kroatischen Hypothek aus dem Zweiten Weltkrieg gefördert hat. Die kroatische Kirchenleitung hat die Rolle als nationale Institution zwar einerseits bereitwillig angenommen, war aber andererseits durchaus in der Lage, zwischen kirchlichen und nationalen Zielen zu unterscheiden – worin man eine der positiven Folgen des römischen Zentralismus sehen kann. Während der jüngsten Kriege in Kroatien und Bosnien-Herzegowina ist dieser Zug des kroatischen Katholizismus deutlich geworden. Hier hat die katholische Kirche den Vereinnahmungsversuchen seitens weltlicher Kriegstreiber insgesamt besser standgehalten als die orthodoxe.

Aber wer vergleicht, sucht nicht nur Unterschiede, sondern auch Gemeinsamkeiten. Eine der wichtigsten Gemeinsamkeiten zwischen serbischen Orthodoxen und katholischen Kroaten besteht gegenwärtig in der Ernüchterung, in der Einsicht, dass man von nationalen Gefühlen nicht satt wird. In der orthodoxen Kirche regt sich zaghafte Kritik – nicht nur an Milošević, sondern auch an der zuvor allgegenwärtigen Selbstglorifizierung. Und die katholische Kirchenleitung in Zagreb hat in den letzten Jahren erkannt, dass sich unter dem Deckmantel von Tudjmans Staatsgründer-Charisma Vetternwirtschaft und eine bedenkliche Machtkonzentration einiger offizieller »Oberpatrioten« entwickelt haben.

Gegenwärtig kommen Orthodoxe und Katholiken wieder ins Gespräch. Ende 1998 haben die Serbische Orthodoxe Kirche und die katholische Kirche bei den Kroaten ihren offiziellen Dialog wieder aufgenommen. Im März 1999 besuchte der serbische Patriarch Pavle Slowenien und Kroatien, und traf sich dabei auch mit seinen katholischen Bischofskollegen. In Bosnien-Herzegowina gibt es Anzeichen dafür, dass sich die Glaubensgemeinschaften verbünden, um so die Rückkehr der jeweils »eigenen« Flüchtlinge zu erleichtern.[57] Die instabile Lage im Kosovo ist allerdings ein Störfaktor für die Aussöhnung: Solange die serbische Minderheit hier um ihr Leben fürchten muss, werden immer neue Motive für das orthodoxe Misstrauen gegenüber dem Islam wie auch den westlichen christlichen Konfessionen produziert. Ob die gemeinsamen negativen Erfahrungen mit der machtpolitischen Instrumentalisierung des Nationalismus ausreichen werden, um den Graben zwischen Orthodoxen und Katholiken zu überbrücken, bleibt abzuwarten.

---

[57] Anne Herbst: Religion und Menschenrechte auf dem Prüfstand. Bosniens Konfessionen verbünden sich. In: Glaube in der 2. Welt 27 (1999) 1, S. 18–20.

Die Entwicklung der Menschenrechte und die Anerkennung des Menschenrechts auf Religionsfreiheit

Konrad Hilpert

Religionsfreiheit gehört heute zu den selbstverständlichen Grundrechten jedes modernen Verfassungsstaates. Ihre wesentlichen Gehalte sind in Anlehnung an das Grundgesetz: Das Verbot der Diskriminierung bzw. Privilegierung aufgrund von Glaube und religiösen Anschauungen (Art. 3, 3), die Unverletzlichkeit der Freiheit des Glaubens, des Gewissens und des religiösen und weltanschaulichen Bekenntnisses (Art. 4, 1) sowie die Gewährleistung der ungestörten Religionsausübung (Art. 4, 2). Ferner darf niemand gezwungen werden, gegen sein Gewissen zu handeln, was am Fall des Kriegsdienstes mit der Waffe dargelegt wird (Art. 4,3). Eltern besitzen das Recht, die Erziehung ihrer Kinder entsprechend ihrer eigenen religiösen Überzeugung zu bestimmen (Art. 7, 2).

Der Staat bindet sich in Gesetzgebung, Exekutive und Rechtsprechung, das Recht auf Religionsfreiheit zu achten und zu schützen (Art. 1, 3), weil er die Religionsfreiheit wie die anderen Grundrechte als ein Menschenrecht versteht, d.h. als ein Recht, das jedem Menschen als Menschen und überall auf der Erde zusteht (vgl. Art. 1, 2). Wie anders sollten denn auch – so könnte man zurückfragen – die verschiedenen religiösen Gruppierungen und Gemeinschaften und die vielen Einzelnen, die ihnen zugehören, nebeneinander leben können, ohne dass es zu Konflikten, Übergriffen und Benachteiligungen käme?

Diese Sicht verdeckt leicht, dass Religionsfreiheit in der Geschichte Deutschlands, Europas und auch der Menschheit weltweit keinesfalls etwas Selbstverständliches war und auch heute[1] noch nicht ist. Im Gegenteil hängt sie von Voraussetzungen ab. Eine erste Voraussetzung besteht darin, dass Religion in der Gesellschaft überhaupt so wichtig ist, dass sie Gegenstand staatlicher Regulierung wird. Zweitens kann das Bedürfnis, den Bereich Religion im Sinne der Religionsfreiheit zu regeln, nur dort auftreten, wo es alternative religiöse Positionen, möglicherweise auch sogar Alternativen zu Religion gibt. Schließlich besteht eine dritte Voraussetzung darin, dass die Religionsfreiheit in Gestalt einer in juristische Form gebrachten rechtlichen Garantie nur funktioniert, wenn alle Beteiligten sich einfordern lassen, die Gesellschaft, die Bürger, aber auch die religiösen Gemeinschaften.

Diese drei Voraussetzungen sind in der Geschichte nur selten gleichzeitig gegeben gewesen, in vollem Umfang eigentlich erst in der Neuzeit. Die Pluralisierung der religiösen Bekenntnisse im Gefolge der Reformation einerseits und andererseits das Zusammentreffen mit fremden Kulturen im Gefolge des kolonialen Ausgreifens Europas auf den »Rest« der Welt sind die beiden entscheidenden Prozesse, durch die die Menschenrechte herausgefordert und hervorgerufen werden. Religionsfreiheit ist schon von daher ein geschichtlich junges Phänomen.

Im Folgenden soll ihre Genese näher beleuchtet werden. Der Blickwinkel dabei ist durch die genannten drei Bedingungen festgelegt. Das Ziel dieser Überlegungen besteht aber nicht einfach darin, die Geschichte der Entstehung der Religionsfreiheit nachzuerzählen, sondern darin, zu verdeutlichen, dass Religionsfreiheit eine große Errungenschaft und ein hohes Gut ist, das auch heute – im Zeitalter des Pluralismus und der Wahlmöglichkeit individueller religiöser Optionen und moralischer Lebensstile – sorgsam gepflegt werden muss.

In einem ersten Schritt geht es zunächst um die Frage, wie die Forderung nach Religionsfreiheit in der Geschichte aufkommt.

---

[1] Verletzungen heute dokumentiert die überkonfessionelle Menschenrechtsorganisation für Religionsfreiheit CSI (Christian Solidarity International) in ihren monatlichen Mitteilungen.

1. Das Menschenrecht auf Religionsfreiheit als Antwort auf Unrechtserfahrungen

Wie alle Menschenrechtsforderungen nimmt auch die Religionsfreiheit ihren Ausgang nicht bei hochfliegenden theoretischen Überlegungen, sondern bei leidvollen Erfahrungen und Konflikten, die Menschen wegen ihres religiösen Bekenntnisses wieder und wieder machen mussten: Erfahrungen des Gewissenszwangs, Erfahrungen der Diskriminierung und der Benachteiligung, wenn es hart ging – und es ging oft hart zu! –, Erfahrungen der Bedrohung von Leib und Leben, Erfahrungen der Wegnahme von Eigentum und der erzwungenen Aufgabe der Heimat oder sogar die Erfahrung von Krieg im Namen der Religion. All dieses Leid ereignete sich aber nicht wie ein Erdbeben oder eine Überschwemmung in der Natur, sondern war durch Menschen verursacht; und zwar durch Menschen, die ihrerseits gläubig waren, und aus keinem anderen Grunde als gerade *dem* Anderen Leid zufügten, dass sie diese Anderen als ungläubig, als falschgläubig, als Abweichler und darin als eine Gefahr für die Gemeinschaft und das Miteinander ansahen. Und all dieses Leid um des Glaubens willens wurde – von wenigen Ausnahmen abgesehen – jeweils von den Anhängern des Mehrheitsglaubens gegenüber den »Sonderlingen«, also einer Minderheit verübt.

Es lohnt sich, einzelne solcher Stellen der Intoleranz genauer zu besehen. Richten wir den Blick zum Beispiel auf die Ketzer. Mit solchen hatte es das Christentum über seine ganze Geschichte hinweg zu tun. Die moralische Rechtfertigung dafür, sie zu verfolgen, sie zu bedrohen oder bei Unbußfertigkeit zu vernichten, nahm man aus der festen Überzeugung: Hier – nämlich bei uns – ist die Wahrheit, dort – also bei den Ketzern – herrschen Irrtum oder bewusste Verfälschung. Die Wahrheit muss aber geschützt und es muss ihr zum Durchbruch verholfen werden; Irrtum und Verfälschung hingegen müssen an der Ausbreitung gehindert und soweit möglich bekämpft werden. Aus der Perspektive der Bedrängten selbst sieht die Sachlage natürlich genau umgekehrt aus.

Gibt es in einer so verfahrenen Situation Argumente jenseits von

Mehrheit, Gehorsamsanspruch und Macht? In der Geschichte der christlichen Theologie hat sich gerade im Blick auf die angedeutete Aporie schon früh eine andere Einsicht geltend gemacht. Sie hebt nicht so sehr auf den Gegensatz von inhaltlicher Wahrheit und Irrtum ab, sondern auf die Eigenart des Glaubensaktes. Sie fragt, wie der Glaubende zum Glauben gelangen könne; die Antwort darauf war schon sehr früh ziemlich klar, nämlich: »Es liegt nicht im Wesen der Religion, die Religion zu erzwingen; nicht durch Gewalt, sondern freiwillig muss sie angenommen werden«, schreibt der Kirchenvater Tertullian zu Beginn des 3. Jahrhunderts an den Prokonsul von Afrika und fügt unmissverständlich hinzu: »Wenn ihr uns also zum Opfer zwingt, gebt ihr euren Göttern wahrlich nichts; sie wollen keine widerwillig dargebrachten Gaben.«[2] Rund 150 Jahre später prägt ein Theologe, den man nicht weiter kennt und dem man den Kunstnamen »Ambrosiaster« gegeben hat, dessen Schriften aber im ganzen Mittelalter hohe Autorität genossen, die immer wieder zitierte Formel »credere autem et non credere voluntatis est«[3] (Glauben bzw. Nichtglauben ist eine Sache des Willens). Auch für Augustinus steht fest, dass zum Glauben das freie Wollen nötig ist[4]. Man weiß also: Glauben kann es nur als freien Akt geben, und wenn man den Glauben mit Gewalt erzwingt, begeht man ein Unrecht. Diese Einsicht hielt man fest, sogar im Mittelalter, wo etwa Thomas von Aquin sich ausdrücklich zu der These bekennt, dass der Glaube ein Akt des freien Willens ist.

Gleichwohl machte man jetzt feine Unterschiede: Ein Unglaube ist nicht wie der andere. Man unterschied bei den Ungläubigen verschiedene Klassen[5]: Die Heiden, die den Glauben bisher noch nie angenommen haben und die ihres Seelenheils wegen missioniert werden müssen; die Ketzer, die vom richtigen Glauben ab-

[2] *Tertullianus*, Liber ad Scapulam: PL I, 777 (deutsch nach. *H. R. Guggisberg*, Religion Toleranz. Dokumente zur Geschichte einer Forderung, Stuttgart u. a. 1984, 18).
[3] *Ambrosiaster*, Commentarius in Epistulam ad Romanos: CSEL 81, 1, 129.
[4] *Augustinus*, Ep. 166: PL XXXIII, 720.
[5] So etwa *Thomas von Aquin*, Summa theologica II-II, 10, 5.

weichen und die, wenn sie hartnäckig bei ihren Sondermeinungen bleiben, mit Zwangsmaßnahmen unterdrückt werden müssen (die gesetzlichen Grundlagen für die Verhängung der Todesstrafe für Häretiker waren schon im 6. Jahrhundert geschaffen worden – im Codex Justinianus!); ähnlich die Apostaten, die dem Glauben, zu dem sie sich einmal frei entschieden hatten, abtrünnig wurden und die ebenfalls hart verfolgt werden müssen; und dann gibt es den Sonderfall der Juden, die die Zeichen der Zeit verpasst haben und auf deren Bekehrung man hofft; sie dürfen allenfalls für Gewalttaten gegen Christen bestraft werden, während man sie nicht mit Drohungen und Einschüchterungen zum Glauben bringen darf; sie werden als soziale Minderheit minderen Rechts toleriert. – Vier Kategorien von religiösen Abweichlern also, vier Weisen auch, mit Abweichlern im Glauben zu verfahren.

Wie diese Weisen in der Praxis gehandhabt wurden, schwankt mit Ausnahme der Ketzer und Apostaten zwischen direkter physischer Repression und der Aufforderung, sie nur mit sanften Mitteln zu gewinnen suchen. Für die Rechtfertigung der harten, gewalttätigen Vorgehensweise bezog man sich auf die letzte Anweisung des Herrn an den Knecht im Gleichnis vom Festmahl Lk 14,23: »Geh auf die Landstraßen und vor die Stadt hinaus und *nötige die Leute hereinzukommen*, damit mein Haus voll werde« (Compelle intrare). Für die weichere berief man sich auf das Gleichnis vom Unkraut unter dem Weizen in Mt 13, wo die entscheidende Anweisung lautet: »Lasst beides wachsen bis zur Ernte« (13,30).

Zieht man eine Bilanz durch die ganze Geschichte hindurch, so kommt allerdings bei weitem kein ausgeglichenes fifty-fifty-Ergebnis (also: 50% harte Intoleranz, 50% Strategie der sanften Gewinnung) heraus. Tendenziell dürfte das Bild eher so aussehen, dass das Christentum zum repressiven Weg neigte und zwar immer dort, wo es in der Mehrheitsposition war und die weltliche Macht hatte. Hingegen setzte es sich für eine freiheitliche Regelung immer dann ein, wenn es selbst eine Minderheit bildete und in seiner geschichtlich-gesellschaftlichen Existenz Verfolgung, Verbote, Bedrohung und Diskriminierung erfahren hatte. Nachdem das

Christentum 313 durch das so genannte Mailänder Edikt zugelassen und 380 zur Staatsreligion erhoben worden war, kam es
bereits 385 zu einer ersten Hinrichtung wegen Häresie in Trier.[6]
Immerhin gab es damals noch eine Reihe von prominenten
Bischöfen, die dagegen votierten (Ambrosius, Martin von Tours).
Das Mittelalter bildete die kirchliche Inquisition aus, übte die
staatliche Todesstrafe für Häretiker und praktizierte die kriegeri-
sche Bekämpfung häretischer Gruppen, vor allem seit dem Auftreten der Katharerbewegung im 11. Jahrhundert. Die aggressive Intoleranz gegen die Abweichler im Glauben war zwar nie ein
ausschließlich religiöses Phänomen, sondern auch und vielleicht
sogar häufig in erster Linie ein politisches, das mit dem Ideal der
inneren Geschlossenheit und der Totalität von Herrschafts-
ansprüchen zu tun hatte. Aber die Kirche bejahte das und über-
nahm ihren Part bei der Aufspürung der entsprechenden Abweichler und bei der Motivation zu organisiertem gewaltsamen
Vorgehen. Wie sehr sie sich den zugrunde liegenden Gedanken zu
Eigen machte, zeigt sich nicht nur daran, dass auch die großen
Reformatoren dieser Praxis zustimmten und sie selbst übten, sondern auch daran, dass die Kirche auch dann noch, als sie die weltliche Macht und den unmittelbaren Einfluss auf die Politik ein-
gebüßt hatte, fest der Vorstellung nachhing, eigentlich dürfe der
Staat nicht »allen Konfessionen ohne Unterschied die gleiche Freiheit zugestehen«; denn dadurch verwechsle man die Wahrheit mit
dem Irrtum und stelle man die … Kirche … auf die gleiche Stufe
wie die häretischen Sekten oder die treulosen Juden«, wie Papst
Pius VII. nach der Wiedereinführung der Monarchie in Frankreich
1814 klagte![7]

Natürlich gab es gleichzeitig immer auch Theologen und
manchmal sogar kirchliche Versammlungen, die die andere, frei-

---

[6] Näheres bei P. Stockmeier, Das Schwert im Dienst der Kirche. Zur Hinrichtung
Priszillians in Trier, in: FS f. Alois Thomas. Archäologische, kirchen- und
kunsthistorische Beiträge, Trier 1967, 415–428.

[7] *Papst Pius VII.*, Apostolischer Brief Post tam diuturnas, lat. und deutsch in *A. F.
Utz/ B. v. Galen* (Hg.), Die katholische Sozialdoktrin in ihrer geschichtlichen
Entfaltung, Aachen 1976, III/59 f.

heitliche Tradition zur Geltung brachten und einforderten wie zum Beispiel die großen spanischen Dominikaner Francisco de Vitoria und Bartolomé de Las Casas. Sie bestritten Anfang des 16. Jahrhunderts nachdrücklich und vor der gesamten damaligen politischen Prominenz, dass es erlaubt sei, die Indios im neu entdeckten Amerika mit Krieg zu überziehen, um sie dann leichter zur Annahme des Glaubens bringen zu können.[8] Das Wort vom Compelle intrare deuteten sie als lediglich innere Nötigung durch die Kraft Gottes, durch die Kraft der Liebe und die Stärke der Vernunft. Aber selbst bei ihnen blieb die Zwangsanwendung gegen Häretiker unproblematisiert; gehört hat man aber auch auf ihre Einwände gegen die mit Zwang verbundene Missionierung nur wenig. Wofür sie eintraten, nämlich die Respektierung der Freiheit zum Glauben bzw. zur Religion, das hatte am ehesten immer dort eine reelle Chance, beherzigt zu werden, wo man selbst bedrängt wurde: In der Auseinandersetzung der christlichen Gemeinden mit dem römischen Reich vor dem so genannten Toleranzedikt, in den Siedlerkolonien der aus Schottland und England vertriebenden Dissenters von Neuengland, im Holland des 16. Jahrhunderts.

Jene geschichtliche Entwicklung, an der die Strategie der aktiven Intoleranz, den Wahrheitsanspruch der Religion durchzusetzen, scheiterte, war die Glaubensspaltung. Trotz aller Versuche, Lösungen von oben zu verordnen und unter Einsatz aller staatlichen Machtmittel zu erzwingen, war das Ergebnis dieser Anstrengungen nicht die Wiederherstellung der Einheit, sondern eine Vertiefung der Gegensätze, Gewalt, Bürgerkrieg und verheerende Zerstörungen. Wenn man es dabei nicht belassen wollte, musste man mit dem Problem des Dissenses im Glauben also anders umgehen. Und zwar in einer Weise, die der leidvoll gemachten Er-

---

[8] F. de Vitoria, Relectio de Indis, lat. Text u. deutsche Übersetzung in: ders., Vorlesungen (Relectiones) Völkerrecht, Politik, Kirche, hg. v. U. Horst/H.-G. Justenhoven/G. Stüben, 2 Bde., Stuttgart/Berlin/Köln 1995–1997 (= Theologie und Frieden 7–8), 370–541, hier: 446 f.; Bartolomé de las Casas, Die Disputation von Valladolid (Aquí se contiene una disputa o controversia), deutsche Übersetzung in: ders., Werkauswahl, hg. v. M. Delgado, 3 Bde., Paderborn u. a. 1994–1997, Bd. I, 337–436, hier: 363–367.

kenntnis Rechnung trug, dass religiöse Wahrheitsansprüche durch
staatliche Gewaltmittel nicht durchgesetzt werden können. Wenn
der Staat in Bezug auf die Religion seiner Bürger überhaupt noch
eine Aufgabe haben sollte, dann konnte diese nur und gerade darin
bestehen, darauf zu verzichten, Konsens zu erzwingen und dafür
Sorge zu tragen, dass sowohl die einzelnen Gläubigen als auch die
diversen christlichen Gemeinschaften ihre Entscheidung für dieses
oder jenes Bekenntnis frei von jeder staatlichen Einwirkung fällen
konnten.

So gesehen ist Religionsfreiheit eine Weise, gesellschaftlichen
Frieden unter Anhängern unterschiedlicher Glaubensrichtungen
zu ermöglichen und zu erhalten.

Durch ihre Anerkennung verändert sich allerdings auch die Situation für Religion und die Glaubensgemeinschaften. Sie verlieren nämlich ihrerseits auch die Möglichkeit, staatliche Machtmittel für die Durchsetzung ihres jeweiligen Wahrheitsanspruchs in
Anspruch nehmen zu können. Im Gegenteil müssen sie sich sogar
gefallen lassen, wenn sie ihren Wahrheitsanspruch öffentlich behaupten wollen, in einen weltanschaulichen »Markt« versetzt zu
sein, auf dem auch Andersglaubende und sogar Nichtglaubende
ihre Sinnangebote »anpreisen«. Und sie müssen sich gefallen lassen, im Wettbewerb mit den konkurrierenden Anbietern um die
Wahrheit ihrer »Kunden« ausschließlich mit besseren Argumen-
ten, mit besserer Praxis, mit bewegenderer Motivation, mit der
Bildung attraktiverer Gemeinschaft und mit der Anwaltschaft für
die Menschen am Rand der Gesellschaft überzeugen zu dürfen.

2. Der entscheidende Schritt:
Die Unterscheidung von Politik und Religion

Der Versuch, den Streit um die wahre Religion mit Mitteln staatlicher Gewalt zu lösen, mündete paradoxerweise in Zerstörung
und andauernde Gefährdung des friedlichen Zusammenlebens.
Ein Ausweg aus dieser Lage in Richtung Friede in der Gesellschaft
wurde erst in dem Maße möglich, als Politik und Staat auf Distanz

zu Religion und Glaube gingen. Distanzierung muss nicht unbedingt auch scharfe Trennung heißen, aber wohl ein Ende der selbstverständlichen Einheit auf der gemeinsamen Glaubensgrundlage und ein Ende der unzähligen Verquickungen im Konkreten. Staat und Kirche müssen als zwei Arten von Gemeinschaft prinzipiell wie auch faktisch konkret unterschieden werden. Das bedeutete für den Staat zweierlei: Er muss auf einen Teil seiner Zuständigkeit verzichten. Alles was Glaube, Bekenntnis, aber auch öffentlichen Auftrag und diakonischen Dienst innerhalb der Gesellschaft betrifft und was sonst noch zur Religionsausübung gehört, darf er zunehmend weniger obrigkeitlich und flächendeckend regeln, sondern muss es den Religionsgemeinschaften überlassen. Er muss sich also gefallen lassen, dass sich neben den staatlichen Organen die Religionsgemeinschaften und deren Mitglieder um bestimmte Aufgaben kümmern und sich über die öffentliche Meinung an der Gestaltung und Weiterentwicklung der Gesellschaft beteiligen. Zum anderen kann er aber auch nicht mehr seinen Herrschaftsanspruch, seine Ziele und Funktionen und die Pflichten seiner Bürger auf einen Glauben gründen oder sie auch nur verbindlich stützen. Selbst wenn er für die Mitwirkung der Religionsgemeinschaften offen bleiben möchte, muss er als Staat, der die Religionsfreiheit respektiert und rechtlich garantiert, weltlich werden, wie Ernst-Wolfgang Böckenförde es einmal formuliert hat[9]; und d. h. er muss sich statt nach einer Religion politisch nach dem Prinzip der Volkssouveränität organisieren.

Zwangsläufig verändert sich unter diesen Bedingungen auch die Religion. Sie verliert zunächst alle Privilegien, die sie in eineinhalb Jahrtausenden gesammelt und an die sie sich gewöhnt hatte. Wenn sie weiterhin Einfluss auf den gesellschaftlichen Prozess nehmen will, muss sie andere als politische Wege und Mittel, sprich: geistige, spirituelle, karitative, pädagogische suchen, um die Menschen

---

[9] *E.-W. Böckenförde*, Die Entstehung des Staats als Vorgang der Säkularisation, in: ders., Recht, Staat, Freiheit. Studium zur Rechtsphilosophie, Staatstheorie und Verfassungsgeschichte, Frankfurt a. M. 1991, 92–114, hier: 108 (»Das Maß der Verwirklichung der Religionsfreiheit bezeichnet das Maß der Weltlichkeit des Staates.«).

von der Wahrheit und vom Geist ihrer Botschaft zu überzeugen. Sie ist nicht mehr automatisch überall dabei, hat keinen direkten und offiziellen Einfluss auf die Politik (sondern allenfalls mittelbar auf deren Akteure). Vielmehr muss sie ihre Sichtbarkeit in der Öffentlichkeit selbst organisieren. Sie muss damit leben, dass es Konkurrenz zu ihr gibt. Sie kann nicht mehr den weltlichen Arm zu Hilfe rufen, um Abweichungen auszuschalten. Und wenn sich jemand ganz von ihr verabschiedet, bleibt das in staatlicher Hinsicht völlig folgenlos.

Mit dieser doppelten Verselbständigung von Staat und Politik auf der einen Seite und von Religion und Glaubensgemeinschaften auf der anderen war das Ende jenes Systems eingeläutet, das mit der Zulassung des Christentums durch Konstantin und seiner Verbindlichmachung durch Theodosius I. begonnen hatte und das ganze Mittelalter über die tragende Konzeption abgegeben hatte. Zwar war diese Ordnung im Einzelnen keineswegs so monolithisch, geschlossen und total, wie das heute oft etwas verkürzend hingestellt wird; es gab im geistigen Leben des Mittelalters durchaus auch Vielfalt. Und es gab innerhalb der Ordnung nicht bloß eine, sondern zwei Spitzenautoritäten, die die meiste Zeit miteinander rivalisierten. Gleichwohl kann man mit Recht sagen, dass die mittelalterliche Gesellschaft als Ganze und in der Legitimation ihrer Ordnungen durchgängig vom christlichen Glauben durchwirkt und getragen war. Trotz der spannungsvollen Zweiheit von Imperium und Sacerdotium bildeten weltliche Herrschaft, kirchlich formierter christlicher Glaube und die Gesellschaft über alle Lebensbereiche hinweg eine religiös geformte Einheit.

Diese Einheit wurde unter dem Druck der religionspolitischen Entwicklungen seit Beginn der Neuzeit wieder aufgelöst bzw. es fand hier eine deutliche Differenzierung statt. Im Ergebnis musste der Staat auf seinen religiösen Sinngehalt verzichten, gewann dafür aber einen politischen, eben die Gewährleistung des inneren Friedens bei gleichzeitiger Mehrheit von religiösen Wahrheitsansprüchen. Bewertend kann man aus heutiger Sicht hinzufügen, dass dies für beide Seiten durchaus ein Gewinn war: Der Staat konnte sich auf die Aufgabe der Herstellung und Sicherung des inneren Friedens konzentrieren und sich in diesem Zuge auch der Mitwirkung weiterer gesellschaftlicher Kräfte öffnen, die Kirche gewann viel Freiheit, ihre eigenen Belange ohne Eingriffe des Staates zu ordnen. Über diesen Feststellungen und Wertungen sollte allerdings nicht vergessen werden, dass dieser Prozess der Differenzierung von Politik und Religion in erster Linie das Ergebnis blanker politischer Notwendigkeit war und weniger die Konsequenz aus theologischen Einsichten.

3. Unter der Herrschaft des Rechts: Von der Toleranz zum grundrechtlich garantierten Freiheitsrecht

Noch etwas muss man sich klar machen, um Missverständnisse zu vermeiden: Die klare Differenzierung zwischen Politik und Religion geschah nicht durch eine punktuelle Zäsur, sondern erfolgte in einem Prozess, der sich über anderthalb Jahrhunderte erstreckte und in den Revolutionen in Amerika und Frankreich am Ende des 18. Jahrhunderts zu einem gewissen Abschluss kam. So wie diese grundlegende Veränderung als Prozess geschah, war auch die zentrale Errungenschaft, die diese Differenzierung hervorbrachte – nämlich Religionsfreiheit als Menschenrecht – nicht auf einen Schlag fertig da. Bis es soweit war, mussten vielmehr einige Zwischenlösungen und Wachstumsstufen durchlaufen werden, die unter den jeweiligen politischen, konfessionellen und rechtssystematischen Gegebenheiten ausgehandelt wurden. Die grundsätzliche Lösung wird eigentlich erst in der Aufklärungszeit gefunden und benötigt auch dann noch viele Jahrzehnte, um sich durchsetzen zu können.

Diese Wachstumsstufen der Religionsfreiheit lassen sich ziemlich gut erkennen, weil sie sich deutlich mit bestimmten markanten Ereignissen korrelieren lassen.

Eine erste Stufe findet sich im Augsburger Religionsfrieden von 1555, in dem das Ende der mittelalterlichen Einheitsgesellschaft zum ersten Mal eingestanden und rechtlich fixiert wurde. Seine berühmte Formel »cuius regio, eius religio« (frei übersetzt: Die Religion in einem Land richtet sich nach der des Herrschers) gewährte zwar noch lange nicht Religionsfreiheit, aber sie war ein erster wichtiger Schritt dahin. Indem dieser Grundsatz die Festlegung des Bekenntnisses für ein Territorium an den jeweiligen Fürsten übertrug, blieb er der Idee einer konfessionell geschlossenen und mit der Politik engstens verzahnten Gesellschaft noch verpflichtet. Aber zugleich brach er dieses Konzept auf Reichsebene auf, indem er hier zwei christliche Religionen zuließ: Also nicht mehr im gesamten Reich, sondern nur noch innerhalb jedes Territoriums musste das Bekenntnis eines sein; und einige Reichsstädte gewährten ihren Bürgern sogar das Recht, ihr Bekenntnis selbst zu bestimmen. Ferner enthielt die Abmachung von 1555 die Regelung, dass jeder gegen Bezahlung einer Steuer samt seiner Familie in ein Territorium mit der von ihm bevorzugten Konfession emigrieren dürfe. Im Westfälischen Frieden von Münster und Osnabrück 1648 wurden diese Spielräume ausgeweitet: Die reformierte Konfession wurde als dritte Ausprägung der christlichen Religion gleichberechtigt zugelassen, das Recht der Fürsten, den Glauben vorzuschreiben, in der Weise eingeschränkt, dass eine von der favorisierten abweichende Konfessionalität bestehen bleiben müsse, sofern sie im Jahr 1624 bestanden habe. Ferner wurde bestimmt, dass die Obrigkeit den Angehörigen eines anderen Bekenntnisses, wenn sie sie nicht zur Auswanderung zwingen wollte (und sie waren ja auch nach den Verheerungen des 30-jährigen Krieges dringend benötigte Arbeitskräfte!), die vollen bürgerlichen Rechte, die private Ausübung ihrer Religion und das kirchliche Begräbnis zugestehen müsse. Einerseits wird also das Recht, einen Religionswechsel vorzuschreiben, begrenzt, andererseits dazu aufgefordert, Toleranz zu üben, wenn schon nicht im öffentlichen, dann doch wenigstens im privaten und häuslichen Bereich.

Im Zuge der Aufklärung wurden die persönlichen Spielräume bezüglich des Glaubens vielerorts größer. Aber dies geschah fast immer in der Weise, dass der Fürst seinen Untertanen als einzelnen Individuen das Recht zugestand, jenem Glauben anzuhängen, dem sie anhängen wollten, nicht jedoch in der Weise, dass auch die entsprechenden Glaubensgemeinschaften öffentlich und gleichberechtigt mit der für maßgeblich erklärten Konfession anerkannt worden wären. Typisch für diese zweite Entwicklungsstufe ist die berühmte Notiz Friedrichs II. von Preußen »Die Religionen müssen alle toleriert werden ... denn hier muss ein jeder nach seiner Fasson selich werden«[10]. Die Gründe, die den Fürsten zur Toleranzgewährung bestimmten, waren meist weniger edel, als das heute vermutet wird. Statt Respekt vor der Überzeugung anderer, Nächstenliebe, Achtung vor dem Gewissen konnten auch schlicht das Interesse an der Erhaltung der inneren Ruhe oder sogar ökonomische Überlegungen die ausschlaggebenden Motive für solche Zugeständnisse sein.

Statt von Toleranz und Duldung spricht man jetzt auch vermehrt von »Gestattung« der Glaubens- und Gewissensfreiheit. »Glaube und Gewissen« sind dann aber noch immer in Verbindung mit einer Religionsgemeinschaft gedacht. Faktisch geht es bei der Gestattung von Glaubens- und Gewissensfreiheit also immer »bloß« um die Zulassung von anderen Bekenntnissen, Glaubensrichtungen und religiösen Minderheiten. Aber die Zulassung eines oder mehrerer Bekenntnisse, die vom offiziellen Bekenntnis abwichen, gibt dem Einzelnen eben doch einen entschieden größeren Freiheitsraum als die bloße Duldung von einzelnen Individuen mit einem abweichenden Bekenntnis. Soweit die religiösen Gemeinschaften öffentlich anerkannt werden, dürfen sie sich jetzt auch öffentlich manifestieren, d. h. zum Beispiel öffentliche Zeremonien durchführen, Feiertage beanspruchen, Schulen und Kirchen bauen. Sie müssen sich allerdings meist auch gefallen lassen, dass der Staat sie seiner Aufsicht unterstellt und versucht, bei der Ordnung ihrer öffentlichen Angelegenheiten und bei der Organisation mitzusprechen. Man charakterisiert dieses Arrangement heute häufig als Staatskirchenhoheit.

Rechtlich festgeschrieben findet sich dieses Stadium für Preußen

---

[10] Zitiert nach H. *Diwald*, Freiheit und Toleranz in der abendländischen Geschichte, in: Die Freiheit des Glaubens. Untersuchungen zu Art. 4 des Grundgesetzes für die Bundesrepublik Deutschland, o. O. 1967, 197–264, hier: 234.

im Toleranzreskript Friedrichs II. von 1740 und dann besonders im Allgemeinen Landrecht von 1794, für Österreich im Toleranzpatent Josefs II. Ein weiteres frühes Beispiel ist das Edikt von Nantes 1598, mit dem Heinrich IV. den Hugenotten in Frankreich die Gewissens- und Kultfreiheit gewährte.

Trotz der beträchtlichen Verbesserungen, die die Gewährung von Glaubens- und Gewissensfreiheit für den einzelnen Bürger mit sich brachte, hat sie auf dieser Entwicklungsstufe noch einen gravierenden Fehler: Sie beruht nämlich auf einem Gnadenakt des Fürsten (lateinisch: Indulgentia) und kann somit jederzeit widerrufen werden. Tatsächlich ist solches auch bisweilen geschehen, zum Beispiel in Frankreich, wo das eben erwähnte Edikt von Nantes 1685 durch Ludwig XIV. wieder aufgehoben wurde.

Ausgeschlossen werden konnte solcher Missbrauch erst dadurch, dass die Glaubens- und Gewissensfreiheit nicht mehr als etwas galt, was der Staat bzw. die staatliche Autorität gnädig gewähren *konnte*, worauf man aber eigentlich keinen Anspruch hatte, sondern dass sie als ein ursprüngliches Recht aufgefasst und anerkannt wurde, das jedem einzelnen Menschen als solchem zustand, unabhängig davon, welche Stellung er als Bürger haben mochte. Genau dieses geschah nun innerhalb der weiteren Entwicklung vieler neuzeitlicher Staaten, zum ersten Mal in der Bill of Rights von Virginia. Dort heißt es im letzten Abschnitt: »Alle Menschen sind gleicherweise zur freien Religionsausübung berechtigt, entsprechend der Stimme ihres Gewissens.« Zur Begründung wird darauf verwiesen, dass »die Religion oder die Ehrfurcht, die wir unserem Schöpfer schulden, und die Art, wie wir sie erfüllen, nur durch Vernunft und Überzeugung bestimmt sein können und nicht durch Zwang und Gewalt«[11].

Nach dieser Konzeption ist Religionsfreiheit so umfassend garantiert, dass sie nicht bloß keine Religionsgemeinschaft, sondern auch keine religiöse Einzelüberzeugung mehr ausschließt. Wesentlich vorsichtiger und zurückhaltender fiel übrigens die Formulie-

---

[11] Deutsche Übersetzung in: W. *Heidelmeyer (Hg.)*, Die Menschenrechte. Erklärungen, Verfassungsartikel, Internationale Abkommen, Paderborn ²1977, 56.

rung des entsprechenden Artikels der Französischen Menschenrechts-Deklaration aus. Dort hieß es, niemand solle »wegen seiner
Absichten, auch nicht wegen der religiösen«, beunruhigt werden,
»sofern deren Äußerung die durch das Gesetz errichtete Ordnung
nicht störe«[12].

Als Freiheitsrecht für alle und für jede Glaubensgemeinschaft
wird die Religionsfreiheit im Lauf des 19. Jahrhunderts zum Bestandteil der Verfassungen zahlreicher Staaten Europas, vor allem
derjenigen mit einer gemischt-konfessionellen Bevölkerung.

Die Entwicklung der Religionsfreiheit setzt sich aber noch fort.
Diese Entwicklung ist dadurch charakterisiert, dass der Personen-
kreis und das Objekt, das geschützt wird, erweitert werden.
Geschützt werden sollen nicht mehr nur die Bekenner von kirch-
lich gebundenen Ausdrucksformen und Bekenntnissen, sondern
auch die Anhänger nichtchristlicher Religionen – wobei in
Deutschland aufgrund seiner Geschichte besonders virulent die
Juden waren –, sowie Religionslose und Atheisten.

In jüngster Zeit tendiert die Entwicklung nach Auskunft kompetenter Beobachter dahin, die Gewissensfreiheit als »allgemeine
Überzeugungsfreiheit«[13] zu verstehen. Eine solche wäre von religiösen Grundlagen prinzipiell ablösbar. Während also in der ganzen langen Geschichte, die hier skizzenhaft vorgestellt wurde, die
Gewissensfreiheit als Garantie aufgefasst wurde, dass dem Bürger
Konflikte zwischen gesetzlichen Pflichten und Forderungen, die
sich aus seinem Glauben ergeben, erspart bleiben, wäre eine als
allgemeine Überzeugungsfreiheit verstandene Gewissensfreiheit
das weit umfassendere Grundrecht und die Religionsfreiheit bloß
noch *ein* möglicher Anwendungsbereich derselben.

Fassen wir kurz zusammen: Religionsfreiheit ist nicht gleich bedeutend mit Toleranz, sondern geht über diese wesentlich hinaus.
Auch wenn Toleranz gewährt wird, beinhaltet sie immer nur eine

---

[12] Deutsche Übersetzung in: *Heidelmeyer (Hg.)*, Die Menschenrechte (Anm. 10),
58.

[13] *E.-W. Böckenförde*, Das Grundrecht auf Gewissensfreiheit, in: ders., Staat, Verfassung, Demokratie. Studien zur Verfassungstheorie und zum Verfassungsrecht, Frankfurt a. M. 1991, 200–263, hier: 213.

Duldung Andersglaubender bzw. anderer Bekenntnisse, aber sie garantiert diesen keinen – notfalls gerichtlich einklagbaren – Anspruch, geduldet zu werden. Die Gewährung von Toleranz steht immer unter dem Vorbehalt von Opportunität und kann unter veränderten Bedingungen wieder aufgehoben werden. Außerdem ist Toleranz stets auf bestimmte Konfessionen bezogen. Im Gegensatz dazu ist die grundrechtlich verstandene Religionsfreiheit ein subjektives öffentliches Recht, das jedem bzw. jeder zusteht und sämtlichen Erwägungen politischer Opportunität entzogen ist.[14]

4. Ein kirchlicher Paradigmenwechsel: Statt »kein Recht für den Irrtum« Achtung der Person in ihrer Freiheit

Die Kirche – nicht nur die katholische, aber sie besonders laut und spitz – hat sich der Forderung nach Anerkennung der Religionsfreiheit lange verweigert. Vor allem im 19. Jahrhundert wandten sich die Päpste energisch gegen diese Forderung und qualifizierten sie in massiver Polemik als »Anmaßung« und »Wahnsinn« ab.[15]

Entscheidend für diese Haltung war weniger das Interesse, Praktiken, die die Kirche in ihrer eigenen Geschichte lange Zeit und guten Gewissens geübt hatte, also zum Beispiel Inquisition, Kreuzzüge und Mission in enger Verbindung mit Eroberung, vor einer moralischen Desavouierung im Nachhinein zu bewahren. Der eigentliche Grund lag vielmehr im Anspruch und im Bewusstsein, im Besitz der Wahrheit zu sein. Die Wahrheit konnte man doch unmöglich mit allen möglichen Irrtümern auf dieselbe Stufe stellen und der Beliebigkeit subjektiven Meinens und Wählens überlassen. Die Formel für diese Haltung, die bis zum Zweiten Vatikanum für den kirchlichen Umgang mit Freiheitsforderungen

---

[14] Vgl. dazu G. *Luf*, Die religiöse Freiheit und der Rechtscharakter der Menschenrechte, in: *J. Schwartländer (Hg.)*, Freiheit der Religion. Christentum und Islam unter dem Anspruch der Menschenrechte, Mainz 1993 (= Forum Weltkirche 2), 72–92, hier: 77 f.

[15] Z. B. *Papst Gregor XVI.*, Enzyklika Mirari vos, lat. und deutsch in: *Utz/Galen (Hg.)*, Die katholische Sozialdoktrin (Anm. 6), II / 14 (s. ferner II / 5 u. II / 19).

leitend blieb, lautete: »Freiheit für die Wahrheit, aber keine Freiheit für den Irrtum«. Die Päpste beriefen sich dafür unter anderem auf die Autorität Augustins, der gesagt hatte »Was für einen schlimmeren Tod kann es für die Seele geben als die Freiheit des Irrtums?«[16] Konkret musste dies nicht in jedem Fall Bekämpfung der Freiheitsrechte und Widerstand bzw. Verweigerung gegenüber einem auf diesen Freiheitsrechten beruhenden Staat bedeuten. Wo sich die politischen Gegebenheiten nicht ändern ließen, durfte um der Vermeidung größerer Übel willen ein Irrtum durchaus auch hingenommen werden. Und so erklärt es sich, dass derselbe Papst, der die modernen Freiheitsrechte unter ausdrücklicher Nennung der Religionsfreiheit so scharf verurteilte, sich weigerte, die belgische Verfassung von 1831 zu missbilligen, die ausgerechnet auf diesen Freiheiten aufgebaut war und sie in ihrer Verfassung garantierte.

Eine große Rolle für die negative Wertung der Forderung nach Religionsfreiheit spielte auch, dass der historische Vorgang, anhand dessen man sich ihre politische Wirkung vorstellte, die Revolution in Frankreich mit ihren phasenweise kirchen- und christentumsfeindlichen Exzessen war. Diese demütigende Erfahrung wirkte anderthalb Jahrhunderte wie ein Trauma nach. Erst als man nach dem Zweiten Weltkrieg am Beispiel der Vereinigten Staaten sah, dass die rechtliche Garantierung der Religionsfreiheit nicht zwangsläufig zur Verdrängung der Religion aus der Öffentlichkeit und zu notorischen Konflikten um die Säkularisierung zentraler gesellschaftlicher Institutionen etwa im Bildungs- oder im Sozialbereich führen musste, sondern im Gegenteil neue Möglichkeiten innerhalb des staatlich geordneten Kultur-, Erziehungs- und Sozialsystems bieten konnte, war der Weg geöffnet für eine positive Sicht der Religionsfreiheit. Vorbereitet durch Aussagen der Enzyklika »Pacem in terris« Johannes' XXIII. von 1963 geschah der entscheidende Durchbruch in der Erklärung über die Religionsfreiheit des II. Vatikanums »Dignitatis humanae« von 1965. Hier wurde nämlich ausdrücklich und ausführlich das

---

[16] *Augustinus*, Ep. 166: PL XXXIII, 720.

Recht jedes Einzelnen auf Freiheit in der Wahl und Ausübung der Religion als ursprüngliches Recht der menschlichen Person anerkannt und als verbindliches Element jeder staatlichen Ordnung vorgestellt. An der Verpflichtung jedes Menschen, die Wahrheit zu suchen und an ihr festzuhalten, wurde keinerlei Abstrich gemacht. Aber es wurde jetzt betont, dass die Wahrheiten nur auf eine Weise gesucht und gefunden werden könne, die der Würde der menschlichen Person entspricht. Und solche Erkenntnis und Anerkenntnis geschehe nur durch die Vermittlung des Gewissens und nicht durch Zwang von außen seitens anderer oder staatlicher Vorschriften.

Ziehen wir auch hier ein kurzes Resümee: Das Gegenprinzip, das die Päpste des 19. Jahrhunderts der Forderung nach Religionsfreiheit entgegensetzten, war das Recht auf die Wahrheit; Freiheit habe sich auszurichten auf die Wahrheit. Solange man gewiss ist, dass man die Wahrheit hat, ist diese Position konsequent und subjektiv verpflichtend. Die Anerkennung der Religionsfreiheit in der Erklärung »Dignitatis humanae« des II. Vatikanums bedeutete insofern einen Paradigmenwechsel, als sie die Achtung der Religionsfreiheit wie die Achtung der Freiheit durch die staatliche Ordnung überhaupt als Ausfluss des Personseins und als einzig angemessenen Weg, zur Wahrheit zu kommen, verstand. Danach kann niemand und kein Staat vorschreiben, wie man die Freiheit richtig, d. h. im Sinn ihrer Ausrichtung auf Wahrheit gebraucht.

5. Religionsfreiheit im Kontext der übrigen Menschenrechte

In welchem Verhältnis steht das Menschenrecht auf Religionsfreiheit zu den anderen Menschenrechten?

Über diese Frage hat es in der Wissenschaft einen heftigen Streit gegeben, der sich seit Ende des 19. Jahrhunderts bis in die 50er Jahre des 20. Jahrhunderts hinzog. Ausgelöst wurde er durch den Heidelberger Juristen Georg Jellinek (1851–1911). Gegen die zu seiner Zeit herrschende Ansicht, die französische Menschenrechts-Deklaration von 1789 fuße inhaltlich auf Rousseaus »Contrat so-

cial« und formal auf der Unabhängigkeitserklärung der USA von
1776, versuchte er in einer (auch heute noch imponierenden) ver-
gleichenden Textanalyse zu beweisen, dass Vorbild und Anregung
hauptsächlich in den Bill of Rights zu suchen seien, die die Verfassungen der Einzelstaaten der nordamerikanischen Union feierlich
einleiteten. Im Zusammenhang mit der Frage, weshalb gerade die
Amerikaner zur Bill of Rights gekommen seien, stellte Jellinek
auch die andere These auf, die historische Wurzel und zugleich
das sachliche Muster sämtlicher anderer Menschenrechte sei die
Religionsfreiheit. Deren ideelle Grundlage und Multiplikatoren
seien die auf Druck der englischen Staatskirche zur Auswanderung
nach Nordamerika gezwungenen Independenten gewesen. Die ursprünglich mit dem Gedanken der Religionsfreiheit verknüpften
weiteren Rechte seien während des folgenden Jahrhunderts vom
politischen Bewusstsein des Volkes in weltliche Folgerungen ver-
wandelt und generalisiert worden. Seinen rechtlichen Nieder-
schlag habe diese Entwicklung zum ersten Mal in den Verfassungen einiger amerikanischer Staaten gefunden, von denen die
Französische Menschenrechtserklärung sie dann übernommen habe. »Die Idee, unveräußerliche, angeborene, geheiligte Rechte des
Individuums gesetzlich festzustellen, ist (also) nicht politischen
sondern religiösen Ursprungs. Was man bisher für ein Werk der
Revolution gehalten hat, ist in Wahrheit eine Frucht der Reformation und ihrer Kämpfe.«[17]
Der gesamte Streit darf heute in dem Sinn als entschieden gelten,
dass der These vom Ursprung der Menschenrechte in Amerika zu-
gestimmt wird, nicht aber auch der zweiten These, dass überhaupt
alle Menschenrechte ihren Ursprung in der Religionsfreiheit ge-
habt hätten. Die historischen Forschungen haben allerdings bestätigt, dass die Religionsfreiheit zu den frühesten und wichtigsten
Menschenrechten gehört.
Diese Wichtigkeit besteht nicht nur darin, dass andere grund-

---

[17] *G. Jellinek*, Die Erklärung der Menschen- und Bürgerrechte. Wiederabdruck
der 4. Auflage in: *R. Schnur (Hg.)*, Zur Geschichte der Erklärung der Menschenrechte, Darmstadt 1964 (= Wege der Forschung XI), 1–77, hier: 53 f.

legende Menschenrechte wie etwa der Schutz vor willkürlicher Verhaftung in der Ausübung von religiösen Tätigkeiten und der Bekundung des Glaubens in der Öffentlichkeit eines ihrer häufigsten und konfliktreichsten Anwendungsfelder hatten. Vielmehr besteht diese Wichtigkeit auch in sachlicher Hinsicht: Bei der Religionsfreiheit (und nehmen wir die Gewissensfreiheit hier ausdrücklich dazu) geht es nämlich noch deutlicher als bei jedem anderen Menschenrecht um den unverfügbaren Kern der menschlichen Person. Denn sie schützt ja nicht irgendetwas Marginales, also etwa die Konfessionsangabe in einem Ausweispapier, sondern die innere Verpflichtung und Aufforderung, die ein Mensch in sich verspürt (und von der er sich sagt: »Hier trifft mich ein Anspruch, der über mich hinausreicht; und wenn ich diesem Anspruch nicht folge, stehe ich selbst, steht meine Person als Ganze auf dem Spiel«). Es geht also bei der Religionsfreiheit letzten Endes und zuinnerst darum, dass der Mensch als verantwortungsfähiges Wesen gesehen, anerkannt und geachtet wird, als ein Wesen also, das nicht einfach von biologischen Determinanten und Einflüssen der Umwelt gesteuert wird, sondern eines, das mitten in all diesen Bestimmungsfaktoren Ziele setzen kann, diese Ziele im Hinblick auf Gut und Böse beurteilen und dann in entsprechendes Tun umzusetzen vermag. Umgekehrt stellt die Einschränkung oder Verhinderung von Religions- und Gewissensfreiheit eine Zurücksetzung und Begrenzung des Menschen in seinem personalen Handeln dar). Das Recht auf Religionsfreiheit gründet so gesehen nicht in der objektiven Wahrheit einer Religion, sondern im Recht des Menschen, nach seinem Gewissen und aus eigener Gewissensüberzeugung zu leben.

Die jüngeren kirchlichen Dokumente, die über die Menschenrechte sprechen, heben diesen Garantiezusammenhang zwischen der Religionsfreiheit und den anderen Menschenrechten immer wieder hervor. So heißt es in einem solchen Dokument unter der Überschrift »Die Religionsfreiheit, das Herz der Menschenrechte« etwa: »Die Religion drückt die tiefste Sehnsucht der menschlichen Person aus, die Religion bestimmt ihre Weltanschauung und regelt die Beziehung zu den anderen: Letztlich gibt sie die Antwort auf die Frage nach dem wahren Lebenssinn im persönlichen und im sozialen Bereich. Die Religionsfreiheit bildet daher den Kern der Menschenrechte. Sie ist so unantastbar, dass sie fordert, dass der Person auch die Freiheit des Religionswechsels zuerkannt wird, wenn das Gewissen es verlangt. Denn jeder ist gehalten, dem eigenen Gewissen in jeder Situation zu folgen, und darf nicht gezwungen werden, gegen sein Gewissen zu handeln. Gerade deshalb darf niemand gezwungen werden, unbedingt eine bestimmte Religion anzunehmen, welche Umstände oder Beweggründe es auch immer dafür geben mag.«[18]

Man könnte dasselbe etwas weniger pathetisch vielleicht auch so ausdrücken: Die Anerkennung und die praktische Achtung der Religionsfreiheit dienen letztlich dem Schutz jener Persönlichkeitselemente und -strukturen, die für die Identität des einzelnen Menschen konstitutiv sind. Im Einzelnen geht es um die Orientierung im Handeln, um die Möglichkeit der Eigenverantwortlichkeit, um das Selbstverständnis und die Selbstkontrolle, auch um die Selbstdarstellung gegenüber anderen, mit denen wir in Beziehungen leben und für die wir Verantwortung tragen. Dies alles verknüpft sich für die, die glauben, mit der Vorstellung von Gott, der den Menschen bejaht, mit ihm geht, ihn ruft und zur Verantwortung zieht und neue Anfänge dort ermöglicht, wo alles Mühen im Scheitern zu versinken droht.

[18] Botschaft *Papst Johannes Paul II.* zur Feier des Weltfriedenstages am 1.1.1999, Kap. 5, deutsche Übersetzung in: Pressemitteilungen der Deutschen Bischofskonferenz vom 14.12.98.

Positive und negative Religionsfreiheit

Brauchen wir mehr säkulare Religionsfreiheit oder mehr Verständigung zwischen den Religionen?

Konrad Hilpert

Religionsfreiheit, wie sie im nationalen Verfassungsrecht und im internationalen Völkerrecht[1] geschützt wird, umfasst zunächst zwei Bereiche: Die Freiheit, seine Religion (bzw. seine Überzeugung) zu bekunden – sei es privat oder öffentlich, alleine oder mit anderen, sei es in Gestalt einer Lehre, der Feier eines Gottesdienstes oder im Vollzug von Riten – sowie die Freiheit, seine Religion zu wechseln. Beides zusammen nennt man positive Religionsfreiheit. Dieser entspricht die negative Religionsfreiheit; sie beinhaltet das Verschontbleiben des Einzelnen von religiösen Zumutungen seitens des Staates. Dies kann allerdings nicht so verstanden werden, als müsse die Religion und auch alles Religiöse aus Rücksicht auf den Religionslosen möglichst vollständig aus dem öffentlichen Raum verdrängt werden, wie das die staatliche Religionspolitik in den ehemals kommunistischen Staaten Osteuropas mit den Mitteln des ideologischen Kampfes, der materiellen Aushöhlung, der institutionellen Marginalisierung und der Sanktionierung jeder

---

[1] S. dazu u. a. *J. Listl*, Glaubens-, Bekenntnis- und Kirchenfreiheit, in: Handbuch des Staatskirchenrechts der Bundesrepublik Deutschland, 2. Auflage, hg. v. *J. Listl* u. *D. Pierson*, Berlin 1994, Bd. 2, 439–479, sowie die folgenden Paragraphen 15 bis 23 dieses Bandes; *P. Badura*, Der Schutz von Religion und Weltanschauung durch das Grundgesetz: Verfassungsfragen zur Existenz und Tätigkeit der neuen ›Jugendreligionen‹, Tübingen 1989; *N. Blum*, Die Gedanken-, Gewissens- und Religionsfreiheit nach Art. 9 der Europäischen Menschenrechtskonvention, Berlin 1990 (= Staatskirchenrechtliche Abhandlungen 19); *O. Kimminich*, Religionsfreiheit als Menschenrecht: Untersuchungen zum gegenwärtigen Stand des Völkerrechts, Mainz/München 1950 (= Entwicklung und Frieden 52).

Art von persönlicher religiöser Betätigung durch persönliche Nachteile über Jahrzehnte hinweg betrieben hat.

Wie bei der positiven Religionsfreiheit darf es auch bei der negativen allein darum gehen, dass der Entscheidungsraum des Einzelnen, der für seine sinnbezogene Lebensführung wichtig ist, dem politischen Zugriff des Staates entzogen bleibt – und zwar genau in der rechtlichen Konzeption der Befugnis wie auch in der faktischen Praxis der Machtausübung durch staatliche Organisationen und Akte.

Allerdings ist die Umschreibung des Sinns der Anerkennung von Religionsfreiheit als Menschenrecht mit »Schutz« und »Sicherung« nicht erschöpfend und vielleicht nicht einmal eindeutig genug. Denn man könnte Schutz und Sicherung ja lediglich als Absicherung eines Zugeständnisses durch Recht verstehen. Vor dem Hintergrund der Geschichte, die im ersten Beitrag vorgetragen wurde, beinhaltet die Garantierung der Religionsfreiheit durch Verfassungen und Völkerrecht aber mehr, sogar erheblich mehr, nämlich auch die gesicherte Möglichkeit, durch gelebte Religion zur Gestaltung der Gesellschaft beizutragen. Das schließt ein und verlangt konsequenterweise, dass die Selbstbegrenzung, die sich der Staat in dieser Hinsicht auferlegt, auch inhaltlich gefüllt wird. Die rechtliche Sicherung der Religionsfreiheit in ihren verschiedenen Gehalten ist so gesehen eine Chance oder noch aktiver: Eine Einladung, am Gelingen des Miteinanders unterschiedlicher Gruppierungen in der Gesellschaft mitzuwirken, wenigstens insoweit, als diese Gruppierungen durch religiöse bzw. weltanschauliche Überzeugungen bedingt sind oder von ihnen überlagert werden.

1. Eine neue Qualität des Pluralismusproblems

Die Aussage von der aktiven Seite der Religionsfreiheit entfaltet ihre Bedeutung erst, wenn man die Erfahrung realisiert, die die Gesellschaft gegenwärtig allenthalben macht: die Erfahrung umfassender Entgrenzungs- und Vernetzungsprozesse. Sicher gab es auch früher schon das Wissen, dass die Welt viel größer sei als das Stück Mitteleuropa, das wir kennen. Und dass sich auch anderswo Hochkulturen entwickelt haben, gehörte zum europäischen Allgemeinwissen seit der Begegnung mit China, Indien und Japan. Doch hat das Wissen um die Zusammengehörigkeit und Verbundenheit trotz Andersheit in der Gegenwart eine neue Dynamik und Erlebnisdichte bekommen. Denn heute erfahren wir ganz nahe, wie unsere Gesellschaft in vielen Bereichen über sich hinaus- und zusammenwächst in den europäischen Raum und darüber hinaus in einen weltweiten Kontext. Die großen Firmen kaufen nicht nur in fernen Ländern ein, sie produzieren auch anderswo und verkaufen, bauen weltweite Betriebsnetze auf. Die Finanzmärkte reichen um den ganzen Erdball, und demnächst haben wir in den Grenzen der Europäischen Union eine einheitliche Währung. Staaten stimmen sich in der Sicherheits-, Verkehrs- und Energiepolitik ab. Die großen Medienagenturen strahlen Sendungen fast gleichzeitig in mehreren Sprachen aus. Wissenschaft und Technik kooperieren über weiteste Instanzen hinweg.

Auch Religionen und Kirchen sind international und regional allgegenwärtig und sehen sich in immer stärkerem Maß zu gemeinsamen Stellungnahmen, zum Austausch und zu Begegnungen auf übernationaler Ebene herausgefordert. Dahingehende Erwartungen bestehen selbst dort, wo die einzelnen Lehren auf Skepsis oder Gleichgültigkeit treffen.

Freilich findet die Dynamisierung nicht nur nach außen statt, sondern auch nach innen. Vor allem via Arbeits-, Ausbildungs- und Schutzmigration ist eine große Zahl von Menschen fremder Herkunft und Kultur nach Europa geströmt, wohnt, lebt und arbeitet hier. Diese Menschen bringen nicht nur ihre Gepflogenheiten und Wertmaßstäbe, ihre Sprache und ihre Kultur mit, sondern auch ihre Religion. Und so leben allein in den Ländern Westeuropas derzeit 11,5 Millionen Muslime, von den mehr als 20 Millionen Muslimen auf dem Balkan und in Osteuropa ein Mal ganz abgesehen. Der Islam ist heute – was die meisten heute so nicht realisieren – in Europa die zweitgrößte Religion, und es gibt kaum mehr eine Schulklasse, in der nicht auch ein muslimisches Kind säße.

Damit ist allerdings erst eine religiöse Gruppe genannt. Daneben gibt es noch viele andere, sicher sehr viel weniger zahlreiche, die aber gleichwohl von besonderer Bedeutung sein können, wie etwa die Juden. Deutlicher als früher sind auch die orthodoxen Konfessionen in unser Erscheinungsbild getreten, und – ebenfalls durch den Wegfall des Eisernen Vorhangs – die große Zahl derer, die keine Religion haben oder sich zumindest so verstehen.

Zwei weitere Wege, auf denen auch im Innern unserer Gesellschaft nichtchristliche Religionen immer stärker an uns heranrücken, sind der Tourismus und die Berichterstattung in den Medien. Mit hoher Sicherheit wird man behaupten können, dass keine Generation vor uns so viele Möglichkeiten hatte, andere Religionen wahrzunehmen in ihren angestammten Lebensumfeldern, in ihren auf uns oft fremd wirkenden Ausdrucksformen und Riten, in ihrer Bedeutung für die Lebensgestaltung ihrer Anhänger.

Was bedeutet das alles? Man könnte mit einem Wort sagen: Mehr und weiter reichender Pluralismus. Nun ist Pluralismus aber bloß die Beschreibung eines Zustands der Gesellschaft und vielleicht auch der Befindlichkeit der einzelnen Gruppen in ihr. Die Provokation, die mit dem Pluralismus verbunden ist, liegt darin, dass das Zusammenleben der so verschiedenen Gruppen und Menschen verschiedener Überzeugung innerhalb ein und derselben Gesellschaft auch Gemeinsamkeiten in grundsätzlichen Zielen und Werten sowie Bereitschaften und Wege zur Verständigung mit den anderen braucht, ja *unbedingt* braucht. Auch und gerade eine Gesellschaft, für die Überzeugungsfreiheit als Grund- und Menschenrecht garantiert ist, braucht Übereinstimmungen, zum Beispiel darin, dass die Gesetze befolgt werden müssen, dass erlittenes Unrecht vonseiten anderer auf dem Rechtsweg verfolgt werden muss und nicht durch Selbstjustiz, dass Minderheiten geschützt werden müssen, dass das Leben jedes Einzelnen unabhängig von Geschlecht und sozialem Rang wertvoll ist und geachtet werden muss, dass diejenigen, die durch sorgfältige Erziehung dafür sorgen, dass die Gesellschaft auch morgen und übermorgen noch existieren kann, entlastet werden und dass denen, die unverschuldet Schicksalsschläge erleiden, von der Allgemeinheit geholfen wird. Und selbstverständlich muss auch die Demokratie als Verfasstheit von Staat und Gesellschaft und auch noch einmal die Religionsfreiheit als grundlegendes Recht bejaht werden. Gibt es solche grundlegenden Gemeinsamkeiten nicht oder können sie nicht etabliert werden, dann wird Pluralismus sehr schnell zur Quelle von Irritationen, von Spannungen und Aggressionen, die in Augenblicken der Belastung oder eigener Not in Missachtung der Regeln und sogar in offene Gewalt umschlagen können.

Pluralismus genügt also nicht einfach sich selbst. Das hat er übrigens auch schon früher nicht getan, als evangelische, katholische und liberale Richtungen und ihre subkulturellen Formationen miteinander im Streit lagen und permanent gegeneinander polemisierten. Die Verschärfung seiner Herausforderung heute besteht darin, dass jetzt Überzeugungen auseinanderklaffen, die auch nicht mehr denselben kulturellen Hintergrund haben, so dass erheblich größere Schwierigkeiten zu bewältigen sind als im herkömmlichen Pluralismus, der sich im Kontext der christlichen Konfessionen bzw. der Distanzierung von diesen herausgebildet hatte. Ich führe hier nur ein vergleichsweise äußerliches Beispiel an: Die Regelung von Sonn- und Feiertagen, der Schutz bestimmter Zeiten des Jahres (etwa Fasten- oder Adventszeit) sind erheblich schwieriger, wenn Christen, Muslime und Juden zufrieden gestellt werden müssen, als wenn nur auf die christlichen Konfessionen Rücksicht genommen werden muss. Um wie viel schwieriger ist es, die grundlegenden Gemeinsamkeiten hinsichtlich Familie, Erziehung, Gleichberechtigung von Mann und Frau herauszufinden oder zu erarbeiten! Die so schnell dahingesagte Charakterisierung unserer Gesellschaft als »multikulturell« weist mehr auf ein schwieriges Aufgabenfeld hin, als dass sie die soziale und politische Wirklichkeit beschreiben könnte. Die ist von einer durchgängigen Lösung vielmehr noch weit entfernt. Selbst wenn über die prinzipielle Notwendigkeit eines Multikulturalismus der Gesellschaft Einigkeit besteht, muss die Zuordnung von subkulturellen Gruppen, Räumen und Milieus auf der einen und der allen gemeinsamen Zivilkultur auf der anderen Seite im konkreten Fall immer erst herausgefunden, arrangiert und akzeptiert werden.

Die Frage, die sich im Zusammenhang dieser Überlegungen einstellt, ist Folgende: Kann die Religionsfreiheit nur zur Vergrößerung und Vertiefung der Pluralität genutzt werden oder eröffnet sie auch Spielräume und Wege, zur Integration beizutragen und trotz der Verschiedenheiten Gemeinsamkeiten herauszufinden? Bevor ich konkreter auf diese Frage eingehe, scheint es mir notwendig, noch ein zweites Problem zu schildern:

2. Religion als Konfliktfaktor

Religionen spielen nicht nur in der Vergangenheit, sondern auch noch in unserer Gegenwart eine wichtige Rolle bei gewaltsamen Konflikten. An vielen Stellen, wo sich Menschengruppen mit Krieg oder richtiger mit Bürgerkrieg überziehen oder ein solcher immer wieder aufbricht, gibt es enge Verbindungen und Entsprechungen zwischen Konfliktparteien und Religionszugehörigkeit. Das ist so im ehemaligen Jugoslawien und in Nordirland, genauso wie in Israel/Palästina, im Verhältnis von Iran und Irak, nun auch in Indien/Pakistan, in Osttimor und im Sudan.

Natürlich verhält sich die Sachlage nicht so einfach, wie eine undifferenzierte Berichterstattung immer wieder glauben lassen mag, nämlich dass hier Anhänger bestimmter Religionen aus religiösen Gründen aufeinander losgingen. Keinem Führer einer großen Religion (sondern allenfalls einem von einer kleinen militanten Gruppe) dürfte ja heute mehr über die Lippen gehen, was Papst Urban II. vor 900 Jahren in seinem Aufruf zum ersten Kreuzzug 1095 laut einem zeitgenössischen Chronisten gesagt hat: »(...) Wendet die Waffen, mit denen ihr in sträflicher Weise Bruderblut vergießt, gegen die Feinde des christlichen Namens und Glaubens. (...) Wir aber erlassen durch die Barmherzigkeit Gottes und gestützt auf die heiligen Apostel Petrus und Paulus allen gläubigen Christen, die gegen die Heiden die Waffen nehmen und sich der Last dieses Pilgerzuges unterziehen, alle die Strafen, welche die Kirche für ihre Sünden über sie verhängt hat. Und wenn einer dort in wahrer Buße fällt, so darf er fest glauben, dass ihm die Vergebung seiner Sünden und die Frucht ewigen Lebens zuteil werden wird (…)«[2]

Und so gut wie alle Religionen haben heute den Frieden und die Aufgabe, Frieden zu stiften, als grundlegendes Element ihrer eigenen Botschaft entdeckt. Die eigentlichen Gründe der blutigen Konflikte, bei denen die Parteien oft als Katholiken, Orthodoxe, Protestanten, Muslime usw. bezeichnet werden, liegen meist woanders, in sozialen und ökonomischen Verwerfungen insbesondere, in machtpolitischen Interessen, in ethnischer Zugehörigkeit. Aber die Religionszugehörigkeiten decken sich manchmal eben auch mit diesen Merkmalen – ein Ergebnis jahrhundertelanger Kultureinflüsse. Insofern kann Religion in einem Konflikt tatsächlich nachwirken, ohne dass der eigentliche Konflikt etwas mit religiösen Motiven zu tun hat. – Dieses Nachwirken ist ja überhaupt ein eigenartiger Sachverhalt, übrigens auch bei uns, wo die Vorliebe für eine bestimmte politische Partei noch immer zum Teil entlang der Konfessionszugehörigkeiten verläuft, oder in unserem Nachbarland Holland, für das eine empirische Untersuchung[3] unter anderem herausgefunden hat, dass in den südlichen Provinzen, wo die Katholiken ehedem das Sagen hatten, die Menschen mehrere Vornamen hatten und den Ehering an der linken Hand tragen, während sie in den nördlichen, ehemals reformiert geprägten nur einen Vornamen hatten und den Ehering rechts tragen. Solche Langzeitwirkungen von Religion in Gestalt von Bräuchen und Mentalitäten gibt es auch anderswo. Sie halten sich besonders hartnäckig überall dort, wo sich Minderheiten über eine längere Zeit hinweg gegen Mehrheiten behaupten mussten.

Eine andere Möglichkeit, wie Religion auch heute zu einem Konfliktfaktor werden kann, besteht naheliegenderweise darin, dass sie von Politikern, von Sprechern unterdrückter Minderheiten oder von oppositionellen Eliten instrumentalisiert wird. Auch

---

[2] *Wilhelm von Tyros*, Historia rerum in partibus transmarinis gestarum, Auszug in deutscher Übersetzung, in: *H. A. Oberman u. a. (Hg.)*, Kirchen- und Theologiegeschichte in Quellen, Bd. 2: Mittelalter, Neukirchen-Vluyn ²1986, 69 f., hier: 70.

[3] A. *Chorus*, De Nederlander uiterlijk en innerlijk. e karakteristiek, Leiden 1964.

dies hat eine lange Tradition, auch eine kirchliche und christliche, und ist keineswegs eine Eigenheit des Islam, dem dies aufgrund der verengt benutzten oder missverstandenen Formel vom heiligen Krieg häufig unterstellt wird. Was heute noch hinzukommt, ist eine ganz spezifische Version von Instrumentalisierung: Man benutzt nämlich die Religion als Inbegriff der eigenen Kultur und Politik, um damit die Nahtstelle zwischen zwei Kultursphären zu vertiefen und gegen das Eindringen von Ideen, Lebensstilen und Wunschvorstellungen aus der anderen abzudichten. Genau hier liegt meines Erachtens die entscheidende Ursache für die aggressive Neuformierung mancher Staaten im Namen der Religion wie Iran und Afghanistan bzw. für die terroristische Tätigkeit militanter Gruppen im Innern eines Landes wie in Algerien, im Libanon oder im Sudan. Überall hier lautet die Devise: Rückkehr zu einer Gemeinschaftsorganisation, die ausschließlich auf der Religion basiert. Tatsächlich geht es um die Abwehr des Eindringens der als westlich charakterisierten Modernisierungs- und Säkularisierungstrends und vor allem der durch sie in Gang kommenden zerstörerischen Auswirkungen auf Tradition, Sitte, Wertmaßstäbe und Lebensformen. Dass diese Abwehr auch vor persönlicher Todesdrohung nicht zurückschreckt, haben die Vorgänge um Salman Rushdie und Taslima Nasrin gezeigt.

Religion wird hier im Grunde zu einer politischen Waffe gemacht, wie Dieter Senghaas einmal treffend formuliert hat[4]. (Es gibt solche polemischen Versuche der Abwehr von Vorstellungen, die als Bedrohungen empfunden werden, übrigens auch im Bereich des Christentums, wenn man an manche militante Gruppen in den USA denkt, die teils mit Ausschöpfung aller gesetzlichen Möglichkeiten, teilweise aber auch mit illegalen Gewaltaktionen gegen ihrer Meinung nach Verwerfliches vorgehen.)

Es gibt insoweit – und bisher wohl vor allem im außereuropäischen Bereich – eine politische Renaissance der Religionen. Dass sie in Europa und in Deutschland so gut wie keine Rolle spielt,

---

[4] Wohin driftet die Welt? Über die Zukunft friedlicher Koexistenz, Frankfurt 1994, 107.

liegt wahrscheinlich daran, dass wir hier im Zeitalter nach der Aufklärung leben. Diese Erklärung gibt Hoffnung, dass sich auch mit dem oder jedenfalls mit Richtungen im Islam, die durch eine Aufklärung gegangen sind, leichter ins Gespräch kommen oder über substanzielle Punkte, die bislang große Hindernisse für die Gemeinsamkeit darstellten, Einigkeit erreichen lässt. Die politische Renaissance der Religionen als Anzeichen für einen bevorstehenden und unausweichlichen »Zusammenprall der Kulturen« zu interpretieren, wie das der amerikanische Politologe Samuel Huntington in seinem berühmten Buch getan hat[5], aber wie in moderaterer Form auch andere bekannte Autoren wie Gilles Kepel[6] und Bassam Tibi[7] vermuten, ist derzeit jedenfalls eine Übertreibung und Vereinfachung und bleibt es hoffentlich auch.

Dennoch zeigen gerade die erwähnten Vorgänge, dass Religion immer auch eine Ressource für Fanatismus, Militanz und Aggressivität gegen andere darstellte. In ganz anderer Weise tritt das auch in einem dritten Phänomen in Erscheinung, nämlich in der Entstehung neuer religiöser Gruppen, die von den etablierten großen gern als »Sekten« bezeichnet werden. Obschon diese neuen religiösen Gruppierungen nicht über einen Kamm geschoren werden dürfen, gibt es doch einige unter ihnen, mit denen erhebliches Konfliktpotenzial verbunden ist. Dies artikuliert sich zwar nur relativ selten in Bombenanschlägen wie in New York, Luxor und Tokio oder in kollektiven Selbstvernichtungsaktionen. Häufiger entstehen die Konflikte aber dadurch, dass die Mitglieder mit Hilfe raffinierter Psychotechniken ihrer Identität beraubt und ihrem bisherigen Lebensumfeld total entzogen werden.

---

[5] Der Kampf der Kulturen. Die Neugestaltung der Weltpolitik im 21. Jahrhundert, München/Wien 1996 [orig. The Clash of Civilizations?].

[6] La Revanche de Dieu. Chrétiens, Juifs et musulmans à la reconquete du monde, Paris 1991 (deutsch: Die Rache Gottes. Radikale Moslems, Christen und Juden auf dem Vormarsch, München/Zürich 1991).

[7] Krieg der Zivilisationen. Politik und Religion zwischen Kampf und Fundamentalismus, Hamburg 1995.

3. Abwege und Grenzen

Angesichts des verschärften Pluralismus und angesichts der Tatsache, dass Religionen auch heute noch Konfliktfaktoren sind, stellt sich unausweichlich die Frage: Mutet das garantierte Recht auf Religionsfreiheit uns zu, all dies einfach zu akzeptieren und unter das schützende Dach der Achtung der Religionsfreiheit zu stellen? Ich denke, gerade nicht. Denn wie jedes andere Grund- und Menschenrecht steht die Religionsfreiheit innerhalb unserer Rechtsordnung auf der Basis der gleichen Freiheit für alle anderen und sie verlangt im Besonderen den Verzicht auf die Auseinandersetzung mit der Überzeugung anderer auf dem Weg von Gewalt und von Machtpolitik. Zur gleichen Freiheit aller gehören sämtliche Grundrechte, so dass der Einzelne seine Religionsfreiheit nur im Rahmen dieser Gesellschaft und ihrer menschenrechtlichen Ordnung beanspruchen kann. Das bedeutet konkret, dass zum Beispiel religiöse Äußerungsformen wie Menschenopfer, Ketzerverfolgung, Polygamie, Verweigerung lebensrettender Hilfe insofern von vornherein vom Schutz, den die Religionsfreiheit gibt, ausgeschlossen sind. Sicherlich ergeben sich weitere Beschränkungen der Religionsfreiheit daraus, dass die Begriffe »Religion« und »Glaube« auch nicht frei sind für beliebige Zielsetzungen – eine Frage, die inzwischen ja auch die Gerichte beschäftigt (Scientology).

Freilich bleibt auch nach diesen Grenzziehungen die grundlegende Spannung in Bezug auf den Gebrauch der Religion bestehen: Einerseits schützt sie nämlich alle möglichen Überzeugungen und Handlungsweisen, andererseits muss sie dann aber auch immer neue Probleme, weitere Verunsicherungen, zusätzliche Irritationen und Konfliktpotenziale, latente Spannungen und widersprüchliche Handlungsweisen zulassen, also insgesamt unbeschränkt offen sein für mehr Inhomogenität. Idealtypisch gibt es zwei Lösungsrichtungen für diese Spannung, nämlich eine staatlich-säkularistische und eine zivilgesellschaftlich-partizipative.

Die staatlich-säkularistische folgt der Logik: »Ihr dürft selbstverständlich religiös sein und eure Religion auch leben – aber bitte nur unter euch und nicht in der Öffentlichkeit.« Religion wird weder ignoriert noch bekämpft, als sei sie etwas sozial Schädliches oder etwas schlechthin Unvernünftiges, aber sie wird ins Private zurückgedrängt. Das muss nicht auf einen Schlag passieren, aber doch sukzessive überall dort, wo ein Konflikt auftaucht. Man kann der Meinung sein, dass manches in Rechtsprechung und Politik bereits in diese Richtung weist, zum Beispiel der Ausgang des Kruzifixstreits[8] oder der Streit um den Religionsunterricht in Brandenburg[9]. Eindeutiger war die Zensur, die beim interkonfessionellen Gedächtnisgottesdienst nach dem Absturz der Swissair-Maschine an der kanadischen Ostküste im September 1999 ausgeübt wurde: Die teilnehmenden Geistlichen christlicher Konfessionen durften weder den Namen Jesu Christi erwähnen noch eine Lesung aus dem NT oder trinitarische Formeln verwenden.[10]

Diese Lösung vermag sicher, Konflikte an der Oberfläche zu mindern. Aber sie löst sie genau gesehen nicht auf, sondern verlagert sie ins Innere der Gesellschaft und in die intersubjektive Kommunikation der kleinen sozialen Einheiten (Familien, Nachbarschaften, Kommunen). Dort wirken sie unter Umständen völlig unbemerkt und unbeobachtet weiter. Sie können auch die Neigung der Einzelnen zu fundamentalistischem Denken stärken. Kritisch gefragt werden muss auch, ob die Zurückdrängung des Religiösen ins »bloß« Private nicht auch den Legitimationsbedarf der Menschenrechte, des Rechts und mittelbar auch des Staats selber schwächt. Denn Religion, die ihren genuinen Sozialbezug nicht mehr in die Öffentlichkeit einbringen darf, schwächt automatisch auch die ethischen Energien in der Bevölkerung, von denen die Verfassung des Pluralismus lebt, die auf den Säulen Achtung des

---

[8] S. dazu die Beiträge in *W. Brugger/St. Huster (Hg.)*, Der Streit um das Kreuz in der Schule. Zur religiös-weltanschaulichen Neutralität des Staates, Baden-Baden 1998 (= Interdisziplinäre Studien zu Recht und Staat 7).

[9] Stellungnahmen und Gutachten sind dokumentiert in: Konrad-Adenauer-Stiftung (Hg.), Religionsunterricht in den Schulen. Der Streit um das Fach LER in Brandenburg – ein Beispiel für die Auseinandersetzung um das Verhältnis von Staat und Religion, 2. Auflage, St. Augustin 1998; s. ferner: *K. E. Nipkow*, Die Herausforderung aus Brandenburg. Lebensgestaltung-Ethik-Religionskunde als staatliches Pflichtfach, in: Zeitschr. f. Theologie u. Kirche 93 (1996) 124–148.

[10] Bericht der NZZ vom 16./17. Januar 1999, S. 48.

Individuums, Bereitschaft, trotz aller Verschiedenheiten auch Gemeinsames zu suchen, und Selbstbegrenzung des Staats aufruht. Wenn der Staat für die Freiheitschancen seiner Bürger verantwortlich ist und sein möchte, dann gehört es konsequenterweise auch zu seinen Aufgaben, unterschiedliche religiöse und weltanschauliche Positionen in ihrer Vielheit nicht nur zur Kenntnis zu nehmen, sondern ihnen auch einen Entfaltungs- und Bewährungsraum in der Öffentlichkeit zu lassen, bzw. einen solchen zu fördern.[11]

Damit kommt nun aber die andere Lösungsrichtung in den Blick, die als zivilgesellschaftlich-partizipative apostrophiert worden war. Sie folgt der Logik: »Ihr Religionen und Gläubige seid eigenständige Akteure. Es ist eure Sache, dem Indifferentismus und dem Absterben der Religion in der Gesellschaft entgegenzuwirken. Aber tragt bitte auch etwas bei zur Selbstordnung der Gesellschaft.« Der Staat anerkennt also die Religionen nicht nur, sondern ermuntert sie auch, die durch die Religionsfreiheit garantierten Spielräume zu entfalten und durch eigene Initiativen positiv zu füllen. Er selbst mischt sich ordnend nur dann ein, wenn die innergesellschaftliche Freiheit bedroht wäre oder womöglich eine religiöse Gruppierung alle Macht monopolisieren würde. Worin der Beitrag der Religionen konkret bestehen könnte, ist Gegenstand des nun folgenden letzten Teils meines Vortrags.

4. Religionsfreiheit in der multireligiösen Gesellschaft: Der Beitrag der Religionen

Ich möchte sieben Punkte nennen, die die Religionsgemeinschaften in unserer Gesellschaft in Angriff nehmen könnten; sie sind zugleich Aufgaben, von denen ich meine, sie seien auch zu leisten. Sie alle sind miteinander insofern verwandt, als sie – entsprechend

---

[11] Vgl. dazu G. *Luf*, Die religiöse Freiheit und der Rechtscharakter der Menschenrechte, in: *J. Schwartländer (Hg.)*, Freiheit der Religion. Christentum und Islam unter dem Anspruch der Menschenrechte, Mainz 1993 (= Forum Weltkirche 2), 72–92, hier 91 f.

dem oben genannten zweiten Lösungstyp – auf die Möglichkeit und auf den Willen zur Verständigung unter den Religionen setzen. Die Zielrichtung dabei ist von vornherein nicht nur, interreligiöse Auseinandersetzungen nach Möglichkeit beizulegen oder auszuräumen, sondern auch innergesellschaftlich und international einen Beitrag zum Gelingen des Miteinanders beizusteuern.

Ich beginne mit dem Einfachsten, und doch keineswegs Selbstverständlichen: der Kenntnis von- und übereinander. Die Kenntnis voneinander ist Voraussetzung und Grundlage jedes Gesprächs miteinander. Die öffentliche Meinung ist voller Unwissen, Halbwissen und falsch Verstandenem, und manches, was an scheinbarer Kenntnis im Umlauf ist, ist bares Vorurteil oder verallgemeinerter Einzelfall. Religionsfreiheit gestalten heißt deshalb für mich als Erstes, sich zu bemühen, sich authentisch zu informieren. Solches Kennenlernen ist nicht in das Belieben einzelner Interessierter gestellt, sondern müsste darüber hinaus bis zu einem gewissen Grad organisiert werden, etwa durch Lehrpläne für den Unterricht in der Schule, durch Bereitstellung von Literatur, durch Angebote der Erwachsenenbildungsinstitutionen, und natürlich auch durch Organisation von Besichtigungen oder durch Gründung von Gesprächsgesellschaften, die es ja für einige Bereiche bereits gibt.

Das Zweite, aber wohl viel Schwierigere ist, dass die Mehrheitsreligionen und -konfessionen sich dafür einsetzen, dass die kleinen Minderheiten anderer Religionen zu ihrem Recht kommen. Im Einzelnen kann das sehr Unterschiedliches bedeuten, von der Möglichkeit, einen Raum für Gebet und Gottesdienst zu nutzen, über die Bereitstellung von Kantinenessen, das den Speisegeboten entspricht, und die Freistellung von Mädchen vom gemeinsamen Schwimm- und Sportunterricht mit Jungen bis hin zum Eintreten dafür, dass Andersgläubige in ihrem Glauben geachtet und nicht diskriminiert werden. Auch die Sorge dafür, dass sie ihre Feiertage begehen können, kann ein wichtiger Ausdruck von Achtung sein.[12] Religionsfreiheit gestalten bedeutet insofern, Religion für

---

[12] S. dazu – mit zahlreichen Beispielen – den Beitrag von *R. Potz*, Die Religionsfreiheit in Staaten mit westlich-christlicher Tradition, in: *Schwartländer (Hg.)*,

andere lebbar zu machen. Schon in naher Zukunft könnte das konkret auch die Einrichtung von muslimischem Religionsunterricht an der Schule bedeuten.

Eine dritte Herausforderung ergibt sich aus der Geschichte des Verhältnisses zwischen den Religionen. Vieles, ja sehr vieles bedarf hier der Aufarbeitung und auch der nachfolgenden Selbstkorrektur, wenn man allein an das besonders schwierige Verhältnis Christen – Juden und an das Verhältnis Christen – Muslime denkt. Zur Geschichte des Verhältnisses zwischen den Religionen gehören auch die vielen Stereotypen und Vorurteile, die viele Tatsachen und Intentionen verzerren, aber gleichwohl über Generationen hinweg weitergegeben werden. Jeder von uns kennt einige davon, zum Beispiel den Topos vom Judentum als reiner Gesetzesreligion oder den vom Islam als einer kriegerischen Religion mit Ambitionen zur Welteroberung. Es gibt solche standardisierten Fremdbilder selbstverständlich auch aufseiten der anderen Religionen, etwa das Bild vom christlichen Westen als säkularistisch, sittenlos und religiös verfallen. Solche Stereotypen und Vorurteile können nur über nachhaltig angelegte Aufklärungs- und Problematisierungsbemühungen erschüttert und dann vielleicht auch korrigiert werden, weil sie fest im Bewusstsein der Menschen verankert sind und kulturell immer wieder eine Bestätigung erfahren. Dass man im Laufe der Zeit gleichwohl Fortschritte erzielen kann, beweisen zum einen die Erfolge der vielen Bemühungen innerhalb der letzten fünf Jahrzehnte in der Bundesrepublik, den Antisemitismus zu bekämpfen, und auch die Erklärung über das Verhältnis der Kirche zu den nichtchristlichen Religionen des Zweiten Vatikanischen Konzils.[13]

Eine vierte Möglichkeit und zugleich Aufgabe ergibt sich aus der Tatsache, dass die Anhänger fremder Religionen bei uns meistens zugleich Menschen fremder Herkunft und Sprache sowie an-

---

Freiheit der Religion. Islam unter dem Anspruch der Menschenrechte, Mainz 1993 (= Forum Weltkirche 2), 119–146.

[13] Lat. Text und deutsche Übersetzung der Erklärung Nostra aetate in Lexikon für Theologie und Kirche, 2. Auflage, Erg.bd. II, 405–495.

deren Aussehens und nicht selten auch anderer Hautfarbe sind. Von daher kann ein gemeinsames Verantwortungsbewusstsein sich zunächst einmal auf die ebenfalls menschenrechtliche Aufgabe, in der Öffentlichkeit für die Überwindung von Fremdenfeindlichkeit und Rassismus einzutreten, konzentrieren und sich an ihr bewähren.

Eng mit dieser Aufgabe verknüpft ist die weitere, den Einsatz von Gewalt als Mittel zur Lösung von Konflikten zu delegitimieren. Wer anders, wenn nicht die Religionen, wäre dafür geeignet, aus der eigenen Botschaft und Vision vom Frieden heraus den Einsatz von Gewalt als lebensvernichtend, unverhältnismäßig und unendlich viel Leid verursachend zu entlarven? Dennoch dürfte auch die Förderung dieser Einsicht nicht einfach sein. Aber es wäre auch schon viel gewonnen, wenn Gewalteinsatz und Kriege bei vielen nicht mehr auf Sympathie stießen und sich der Eindruck festigte, dass es andere Wege gibt, Konflikte auszutragen und Unrecht zu ahnden, und dass gerade diese anderen Wege gestärkt werden müssen. Natürlich kann in diesem Zusammenhang nicht verschwiegen werden, dass alle Religionen in ihren Quellen und Traditionen auch Elemente haben, die zur Legitimation von Gewaltanwendung – auch solcher aus religiösen Gründen – herangezogen werden können. Hier ist es die besondere Verantwortung der Theologen, diese Traditionen selbstkritisch zu analysieren und durch gewaltkritische Aussagen, die im Selbstverständnis der meisten Religionen auch da sind, zu relativieren, mit dem Ziel, allzu eindeutigen und verklärenden Deutungen das Handwerk zu legen. Denn diese sind die Voraussetzung jeder Indienstnahme von Religion für die Legitimierung von Gewaltanwendung.

Ein sechstes Anliegen ist das Gespräch über die globalen Probleme, denen sich die Menschheit heute weltweit gegenübersieht: Das Problem von Hunger und Armut etwa, die wachsende Zerstörung der Natur, der sorglose Umgang mit Leben (von der Abtreibung angefangen bis zur Übervölkerung und zur Biotechnik), die bedrohliche Schere zwischen reichem Norden und armem Süden, die lokalen Konflikte und das große Heer der Migranten ... Natürlich wäre es wahnwitzig, von Gesprächen über diese Themen im lokalen, regionalen oder nationalen Rahmen Lösungen zu erwarten. Aber Interesse, Ideen, Vertrauen, Bündnismöglichkeiten und Rechtfertigungszwänge können solche Gespräche zwischen den Religionen, auch dann wenn sie auf der kleinsten Ebene geführt werden, durchaus bewirken.

Schließlich könnte das Gespräch zwischen den Religionen auch ein wichtiger Beitrag zur Kultur der Menschenrechte darstellen. Denn die Menschenrechte sind bislang der einzige ethische Kodex, der weltweit verbreitet und wenigstens im Grundsatz anerkannt ist. Aber in der politischen Realität gibt es nicht nur enorme Vollzugsdefizite, sondern auch das schwierige Problem, dass die Menschenrechte historisch in Amerika und Europa generiert wurden und deshalb bei Völkern anderer Traditionen immer wieder in den Verdacht geraten oder gebracht werden, Ausdruck eines kulturellen Eurozentrismus zu sein, der ganz in der Tradition des europäischen Kolonialismus stehe. Von daher ist es besonders wichtig, dass in gemeinsamen Gesprächen darum gerungen wird, ob die einzelnen Menschenrechte nicht in vielen Kulturen Entsprechungen haben, die sie als Element der eigenen Moral erscheinen lassen – sozusagen als Entdeckung des Gemeinsamen im Eigenen.

Es wird heute viel und oft pathetisch vom Dialog der Religionen gesprochen. Häufig ist hierbei die Hoffnung oder gar die Erwartung im Spiel, über Gespräche ließe sich ein Maximum an längst schon vorhandener Gemeinsamkeit ins Licht des allgemeinen Bewusstseins heben. Ich halte solche Erwartungen für nicht sehr realistisch, auch wenn sie wie Hans Küngs großes Projekt Weltethos einen wichtigen und sicher richtigen Anstoß geben. Mir scheint, es wäre schon viel gewonnen, wenn die genannten sieben Aufgaben in Angriff genommen würden: mit ernsthaftem Willen, redlich und der Bereitschaft zur Selbstkritik. Dies hat für mich auch etwas zu tun mit der Achtung der Würde jeder menschlichen Person, deren Unbedingtheit alle Religionen als Ausdruck eines besonderen Verhältnisses zu Gott auffassen und deuten. Die Religionsfreiheit selber stiftet noch keinen Sinn. Aber ihre Gewährleistung bietet den Rahmen, seinen tragenden Lebenssinn und seine Wahrheit zu suchen. Und ihre aktive Ausgestaltung durch die Religionen trägt dazu bei, dass das soziale Miteinander und die demokratische Ordnung der Gesellschaft von innen heraus gestärkt werden.

Der säkulare Staat und sein Verhältnis zu den Religionsgemeinschaften

Gernot Mittler

Das mir vorgegebene Thema »Der säkulare Staat und sein Verhältnis zu den Religionsgemeinschaften« geht von der Existenz des säkularen Staates aus. Doch wie säkular ist unser Staat tatsächlich? Wie haben die Väter und (wenigen) Mütter unseres Grundgesetzes nach den Erfahrungen der Nazi-Diktatur das Verhältnis des Staates zu den Religionsgemeinschaften gestalten wollen, konkreter noch: Von welchem Menschenbild geht unser Grundgesetz oder auch die rheinland-pfälzische Landesverfassung aus?

»Im Bewusstsein seiner Verantwortung vor Gott und den Menschen ...«, lautet die Eingangsformulierung in der Präambel unseres Grundgesetzes, bezüglich derer die Verfassungsjuristen, soweit ich als Nicht-Jurist dies richtig überblicke, jedenfalls weit überwiegend davon ausgehen, dass sie nicht unverbindlicher Vorspann, sondern integraler Bestandteil eben dieses Grundgesetzes ist. Ebenso enthält eine Vielzahl von Verfassungen der Bundesländer einen entsprechenden Bezug, so zum Beispiel die rheinland-pfälzische Landesverfassung: »Im Bewusstsein der Verantwortung vor Gott, dem Urgrund des Rechts und Schöpfer aller menschlichen Gemeinschaft ...«.

Stehen diese Berufungen auf Gott in einem Spannungsverhältnis zu dem Teil des Grundgesetzes, mit dem die entsprechenden Formulierungen der Weimarer Verfassung übernommen werden und wo es im Artikel 137 heißt: »Es besteht keine Staatskirche.«? Welcher Gott ist in den genannten Präambeln gemeint, und je nach Antwort auf diese Frage: Ist dann die Feststellung, dass keine Staatskirche besteht, folgerichtig?

Bischof Lehmann hat kürzlich bei einer Podiumsdiskussion im rheinland-pfälzischen Landtag mit Verweis auf die entsprechenden Protokolle an die Entstehungsgeschichte des Grundgesetzes erinnert und an Carlo Schmid, den er mit den Worten zitiert: »Mit diesem Gott sind natürlich sehr viele Vorstellungen von Transzendenz mit eingeflossen und selbstverständlich das, was in den christlichen Kirchen gelebt und verkündet wird.« Bischof Löwe hat in der gleichen Veranstaltung unter Bezugnahme auf einen Vorredner, der von einem »christlichen Grundgesetz« gesprochen hatte, gesagt: »Um Gottes Willen: Das Grundgesetz ist nicht christlich.«

Doch ebenso ist gewiss, dass zentrale Inhalte unserer Verfassung Ausfluss unserer abendländischen Denktradition sind: Von der personalen Würde und der Gleichheit aller vor dem Gesetz über die Freiheit des Glaubens, des Gewissens und des religiösen und weltanschaulichen Bekenntnisses bis hin zu den Bestimmungen von Ehe und Familie und zur religiösen Erziehung in den Schulen, um nur einige zu nennen.

Eines der wichtigsten Kennzeichen des modernen freiheitlichen Staates ist seine Selbstverpflichtung zur religiösen und weltanschaulichen Neutralität.

Dies ist keine Selbstverständlichkeit. Lange Zeit galt die Übereinstimmung im Religiösen als eines der Fundamente des Staates, und der Staat suchte – notfalls mit Strafe und Gewalt – die religiöse Einheit zu bewahren.

Erst vor dem Hintergrund der Erfahrung religiöser Gegensätze und religiös motivierter Verirrungen, manchmal sogar kriegerischer Auseinandersetzungen – hier in Deutschland sind die grauenhaften Wirren des Dreißigjährigen Krieges in Erinnerung hat sich die Erkenntnis durchgesetzt, dass der Staat, wenn er wirklich das gemeinsame Haus aller seiner Bürgerinnen und Bürger – gleich welchen religiösen oder weltanschaulichen Bekenntnisses – sein will, und als solcher Garant des inneren Friedens sein soll, sich auf weltliche Aufgaben und Zwecke beschränken muss. Nicht so, als lägen geistige, religiöse und weltanschauliche Fragen außerhalb seines Interesses oder seiner Wahrnehmung, aber doch so, dass solche Fragen und Zwecke nicht Gegenstand staatlicher Entscheidungen oder gar Zwangsgesetze sein dürfen.

Der moderne Staat verweist Religion und Weltanschauung in den Bereich der individuellen und gesellschaftlichen Freiheit der Bürger. Er gewährt Religionsfreiheit als Grundrecht und als Strukturprinzip seiner eigenen Ordnung.

Religionsfreiheit, das schließt ebenso die Freiheit zur Religion und zur religiösen Betätigung ein wie die Freiheit von Religion und von jedem äußeren Zwang, eine Religion zu haben, zu bekennen oder zu praktizieren.

Nach diesem Verständnis kann und darf sich der Staat mit keinem einzelnen Bekenntnis und keiner Weltanschauung identifizieren, doch für sie alle hat er Bewegungs- und Freiheitsräume zu gewährleisten.

Der säkulare, in Religions- und Weltanschauungsfragen neutrale Staat ist kein wert-neutraler Staat; wir sehen es an der Werteorientierung unseres Grundgesetzes und an der Verpflichtung des Staates auf diese Werte.

Und insbesondere gilt nicht der als besonders guter Staatsbürger, der aus der falsch verstandenen Neutralität des Staates seine eigene »Neutralität« in weltanschaulichen oder religiösen Fragen ableitet. Solch ein Verhalten entspräche nicht nur nicht dem Auftrag von Christen, die sich auch in der Welt, also auch in ihrem Staat, zu bewähren und einzumischen haben, sondern auch nicht dem Bild des Bürgers, der sich dem Gemeinwohl verpflichtet weiß.

Pluralität handelt von dem Vorhandensein von Menschen und Gemeinschaften, die Orientierung geben und Motivationskräfte zum Gemeinwohl, zum gesellschaftlichen Zusammenhalt, freisetzen. In diesem Sinne kommt der säkulare Staat ohne Kirchen und Religionsgemeinschaften nicht aus, weil er, um Ernst-Wolfgang Böckenfördes inzwischen berühmtes Wort zu zitieren, »von Voraussetzungen lebt, die er als freiheitlicher und säkularisierter

Staat selbst nicht garantieren kann. ... Er ist zu seiner eigenen Fundierung und Erhaltung auf andere Mächte und Kräfte angewiesen.«

Daher ist der Beitrag von Kirchen und Religionsgemeinschaften, auch von Weltanschauungsgemeinschaften, nicht nur mit den unmittelbar im politischen Bereich spürbaren sozialen Entlastungen oder mit dem Beitrag zur Wertbildung und zur Herausbildung eines ethischen Konsenses wertvoll. Auch die genuin religiöse Orientierung ebenso wie die gemeinsame Verständigung auf weltanschauliche Zwecke schafft geprägte und gestaltete Zonen der Gesellschaft, Lebensräume und Beheimatungen, aus denen heraus der friedliche Dialog und Diskurs der Gesellschaft möglich wird.

Weltanschauliche Neutralität verbietet dem Staat die Einmischung in religiöse und weltanschauliche Zonen. Sie setzt die Respektierung der Eigenständigkeit der Religions- und Weltanschauungsgemeinschaften voraus, wie dies im Grundgesetz in den aus der Weimarer Reichsverfassung übernommenen Bestimmungen zu Religion und Religionsgesellschaften zum Ausdruck gebracht ist: »Jede Religionsgesellschaft ordnet und verwaltet ihre Angelegenheiten selbständig innerhalb der Schranken des für alle geltenden Gesetzes.« (Art. 137). Doch ebenso gilt, dass die Kirchen und Religionsgemeinschaften, mit Ausnahme ihres Verkündigungsauftrages, der staatlichen Rechtsordnung unterstehen.

Diese Konzeption findet ihren Ausdruck im Prinzip der Trennung von Staat und Kirche, wie sie in Artikel 137 der Weimarer Verfassung begründet ist. Doch es ist daran zu erinnern, dass die Weimarer Verfassung zwar das Trennungsprinzip realisierte, gleichzeitig jedoch eine ganze Reihe von Bereichen gemeinsamer Verantwortung festgelegt hat.

»Wir haben«, um noch einmal Bischof Lehmann aus besagter Diskussionsveranstaltung zu zitieren, »klarere und deutlichere Trennungselemente als in vielen anderen Ländern. Diese Trennung ist gut und vor dem Hintergrund der Auseinandersetzung zwischen

Staat und Kirche schon im Mittelalter notwendig. Dadurch werden zwei ganz wesentliche Dinge garantiert, nämlich Unabhängigkeit und Freiheit, die die Kirche und der Staat brauchen.«

Neben der klaren Linie, die Kirche und Staat trennt, gibt es jedoch eine Vielzahl von Bereichen, in denen die Zusammenarbeit für das Gemeinwohl unabdinglich ist. Bei der Vorbereitung auf diesen Vortrag habe ich die Formulierung des »Systems der positiven Trennung von Staat und Kirche« gelesen. Böckenförde spricht in seinem Aufsatz »Das Ethos der modernen Demokratie und die Kirche« von »Partnern der eigenen Sendung und des eigenen Auftrags«.

In Rheinland-Pfalz hat die Zusammenarbeit zwischen den beiden christlichen Kirchen und der Landesregierung traditionell einen hohen Stellenwert. So hat die Landesregierung bereits 1975 bei der Einbringung des Zustimmungsgesetzes zum Staatsvertrag mit den katholischen (Erz-)Bistümern ausgeführt: »Dieser Vertrag soll jedoch nicht nur überholte Rechtsmaterien regeln, sondern auch Ausdruck sein des freundschaftlichen und vom gegenseitigen Vertrauen geprägten Verhältnisses zwischen Kirche und Staat, das … in unserem Land zur Zufriedenheit beider Seiten von je her gestaltet wird. … Die Landesregierung von Rheinland-Pfalz (ist) stets bemüht, guten Kontakt zu den Kirchen herzustellen, gegenseitigen Austausch zu pflegen und ihre Unterstützung in gemeinsam interessierenden Fragen soweit wie möglich anzubieten.«

Dies ist auch nicht verwunderlich, »Denn Kirche und Staat stehen im Dienst am gleichen Menschen, allerdings mit unterschiedlichem Auftrag und unterschiedlichen Mitteln«, wie Ministerpräsident Beck es formuliert hat. Es gibt regelmäßige Kontakte zwischen der Landesregierung und den Leitungen beider Kirchen im Land, nicht zuletzt in Form der jährlichen Begegnung des Ministerrates mit den katholischen Bischöfen und den evangelischen Präsides, aber auch in Bezug auf punktuelle Angelegenheiten zwischen Kirchenleitungen und den Ressorts.

Die katholische Erwachsenenbildung spielt auf dem Feld der Weiterbildung eine bedeutende Rolle, als größte Landesorganisation der Weiterbildung in freier Trägerschaft hatte sie entscheidenden Anteil beim Aufbau der Weiterbildung in Rheinland-Pfalz, und durch das Weiterbildungsgesetz von 1996 wurde die Autonomie der Landesorganisationen und damit auch der kirchlichen Erwachsenenbildung weiterhin gestärkt. Auch in Bezug auf die Lehrerfort- und -weiterbildung haben wir eine in Deutschland wohl einmalige plurale Form: Neben dem staatlichen Institut für Lehrerfort- und -weiterbildung gibt es je eine ähnliche Einrichtung der katholischen und evangelischen Kirchen.

Und natürlich gibt es eine sehr intensive gemeinsame Verantwortung auf sozialem Feld, in Bezug auf Kindergärten, Krankenhäuser und Altenpflege und -fürsorge, in praktischer Ausfüllung des Subsidiaritätsprinzips, einem zentralen Pfeiler der katholischen Soziallehre. Nahezu 60 % der rheinland-pfälzischen Kindergärten sind in kirchlicher Trägerschaft, und von den 109 Krankenhäusern im Lande sind 73 frei gemeinnützig, davon 45 in katholischer Trägerschaft mit über 11 000 Betten. 73 % der 130 Sozialstationen und 41 % der 350 Heime der Altenhilfe sind in kirchlicher oder kirchlich orientierter Trägerschaft, und fast 40 % der Plätze in Heimen der Jugendhilfe werden von der Caritas getragen. Und diese starke Einbindung in das soziale Feld hat natürlich ihren Ursprung in einer Zeit, als der Staat sich noch nicht als Sozialstaat betrachtete und soziale Aufgaben weitgehend der Gesellschaft überlassen blieben.

Und nicht zuletzt darf ich in diesem Zusammenhang erwähnen das segensreiche Wirken der beiden Kirchen in der Familien-, Lebens-, Erziehungs-, Sucht- und Schwangerschaftskonfliktberatung. Im letzteren Bereich gibt es in Rheinland-Pfalz 31 katholische, 29 evangelische und sieben Beratungsstellen von PRO FAMILIA. Man kann dieses Beratungsfeld natürlich nicht erwähnen ohne die Sorge zum Ausdruck zu bringen, die ganz aktuell in Bezug auf den zu befürchtenden generellen Ausstieg der katholischen Kirche aus der Schwangerenberatung besteht.

Natürlich wäre die Welt viel schöner, wäre sie so, wie wir sie uns wünschten. Doch sie ist nicht so. Tief greifende gesellschaftliche Veränderungen haben auch zu veränderten Verhaltensweisen, nicht zuletzt auch zu verändertem Rollenverständnis insbesondere der Frauen geführt, und zu größerem Selbstbewusstsein; Gott sei Dank, muss man sagen, denn ich erinnere mich an die Erzählungen meiner Mutter, die nach der Geburt meines älteren Bruders die damals noch übliche Aussegnung als unsägliche Demütigung empfunden hat.

Ich weiß um die großen Probleme und Schwierigkeiten der Fragen, die mit der Schwangerenkonfliktberatung zusammenhängen, und jeder von uns weiß auch um die Schwere der Verantwortung, die dort zu tragen ist. Und gerade deswegen nehme ich mir als Katholik die Freiheit der Mahnung an die eigene Kirche, den Staat »im Dienst am gleichen Menschen« nicht alleine zu lassen, und insbesondere die betroffenen Frauen nicht alleine zu lassen. Die Weigerung, ein Problem zu sehen, ändert noch nichts an der Existenz des Problems. Und darüber hinaus: Was würde ein Ausstieg der katholischen Kirche aus der Schwangerenkonfliktberatung für ihre eigene Akzeptanz in der Gesellschaft bedeuten?

Und da wir von Feldern gemeinsamer Verantwortung sprechen: In unserer Landesverfassung sind die Schulzielbestimmungen recht umfassend definiert, nämlich zur Erziehung der »Jugend zur Gottesfurcht und Nächstenliebe, Achtung und Duldsamkeit, Rechtlichkeit und Wahrhaftigkeit« und noch einiges mehr.

Und selbstverständlich ist der Religionsunterricht ordentliches Unterrichtsfach und wird im Auftrag und in Übereinstimmung mit den Kirchen erteilt.

Der Vollständigkeit halber ist noch darauf hinzuweisen, dass die Landesregierung im Sommer dieses Jahres einen Bericht des Schulministers entgegengenommen hat, mit dem die Grundlage für die Erteilung islamischen Religionsunterrichtes an rheinland-pfälzischen Schulen geschaffen werden soll, zunächst im Rahmen eines Schulversuchs an einigen Grundschulen. Ob allerdings bereits im Jahr 2000 damit begonnen werden kann, ist zurzeit nicht absehbar.

Sie wissen, dass es natürlich Probleme gibt hinsichtlich der Erarbeitung konsensfähiger Lehrpläne. Selbstverständlich ist die Wertordnung des Grundgesetzes und die verfassungsrechtliche Ordnung unseres Gemeinwesens die Grundlage einer entsprechenden Vereinbarung mit der Religionsgemeinschaft, und die staatlichen Bildungsziele und die Grundsätze des staatlichen schulischen Unterrichts bedürfen der vorbehaltlosen Akzeptanz. Zurzeit gehen übrigens in Rheinland-Pfalz rund 30 000 Schülerinnen und Schüler islamischen Glaubens zur Schule, das sind etwa 5 % aller Schülerinnen und Schüler.

In unregelmäßigen Abständen zwar, doch mit hoher Zuverlässigkeit wird das Verhältnis von Staat und Kirchen immer wieder thematisiert mit dem Ziel der Veränderung des kirchlichen Rechtsstatus. Der Einfluss der beiden großen Kirchen schwinde ohnehin, und dies bestärke auch die Kritiker ihrer »Privilegien«. So war es vor wenigen Wochen in einem Bericht zu einer Tagung zur Religionspolitik in der Frankfurter Rundschau zu lesen. »FDP und PDS wollen eine klare Trennung zwischen Staat und Kirche«, so als gäbe es diese Trennung nach unserer Verfassung noch nicht. Die Kirchen würden bei einer »Privatisierung« jedenfalls das Privileg etwa des Einzugs der Kirchensteuer durch den Staat verlieren. Nach diesem Bericht forderte FDP-Chef Wolfgang Gerhard kürzlich erneut die Abschaffung der Kirchensteuer, bei den Bündnis-Grünen gingen die Meinungen darüber auseinander.

Die Kirchen sollten diese Diskussion sehr gelassen betrachten. Die Einziehung der Kirchensteuer erfolgt zwar durch den Staat, jedoch gegen eine zwar nicht üppige, aber ausreichende Bezahlung. Insoweit ist der Staat Dienstleister für Dritte gegen Entgelt. Im Übrigen: Wir sollten den Tendenzen wehren, die Kirche in die Sakristei einzusperren. Aber sie darf sich – siehe Schwangerenkonfliktberatung – auch nicht selbst dort einsperren. Und selbstverständlich würde die Beschränkung der Kirchen auf die Diakonie ihrem Auftrag nicht gerecht.

In der mehrmals erwähnten Podiumsdiskussion im Landtag hat dessen Präsident Christoph Grimm unter anderem ausgeführt: »Die in 50 Jahren unter dem Grundgesetz gewachsene partnerschaftliche Zusammenarbeit von Kirchen und Staat scheint sich zu lockern. Nicht nur in Fragen von Bildung und Erziehung und dem Verständnis für den besonderen Schutz der Sonn- und Feiertage entwickeln sich die Auffassungen auseinander. Das Konfliktpotenzial zwischen Staat und Kirchen scheint zu wachsen.«

Er zitierte den Sekretär der Deutschen Bischofskonferenz, Pater Hans Langendörfer, mit der Aussage, dass, wenn der »Schutz der Ehe von Mann und Frau (samt ihrer Kinder) in den Hintergrund träte«, dies ein »Weg der Entfremdung von der katholischen Kirche« sei. Ein »grundstürzender Wandel« im Verhältnis zwischen Kirchen und Staat stehe zwar nicht ins Haus, doch könnten die Verschiebungen im Einzelnen zu »spürbar geänderten Verhältnissen« führen.

In der Tat: Wer wollte angesichts der sich spürbar verändernden Verhältnisse um uns herum die Gefahr eines spürbar sich ändernden Verhältnisses zwischen Kirchen und Staat von der Hand weisen? Dabei spielen ohne Zweifel auch die quantitativen Verschiebungen zwischen religiöser Bindung und dem Bedürfnis nach Freiheit von Religion eine Rolle. Ein Problem, das sich nach der Einigung besonders krass in den neuen Ländern stellte und stellt.

Daher ist es notwendig, in einem permanenten Dialog miteinander die Belastbarkeit und Tragfähigkeit des Konsenses, der im Grundgesetz angelegt ist, 50 Jahre lang getragen hat und ein wesentliches Element unserer Verfassungswirklichkeit geworden ist, auf seine Zukunftsfähigkeit hin zu überprüfen. Und es stellt sich die Frage, an welchen Feldern wir den Diskurs festmachen.

Heiner Geißler hat in seinem Buch »Das nicht gehaltene Versprechen – Politik im Namen Gottes« auf den Streit über das Kruzifixurteil von 1997 verwiesen. Es habe sich gezeigt, so Geißler, wie stark die Diskussion um die Botschaft Jesu in Deutschland verfremdet und verengt werde auf national-staatskirchenrechtliche, kulturpolitische und religionspartikularistische Gesichtspunkte. Geißler folgert: »Die Frage nach der Zukunft der christlichen Kirchen und damit auch die Frage, ob eine Gesellschaft sich an der Botschaft Jesu orientiert, kann nicht davon abhängig sein, ob oder wie viele Kreuze in Schulzimmern hängen oder auf Berggipfeln stehen. Die entscheidende Frage muss stattdessen lauten:

Was würde eigentlich derjenige, der am Kreuz hing, zum Zustand unserer Gesellschaft, zu den politischen Entscheidungen dieser Zeit und zu den Konflikten dieser Erde sagen? Das Boot ist voll … Deutschland den Deutschen – Arbeitslose sind Faulenzer – Verschärft den § 218 – Was interessiert uns Tibet – Aktienboom statt Arbeitsplätze, wären das heute die Antworten Jesu?«

Und es gibt aktuell ein weiteres wichtiges Thema, das der Beantwortung bedarf: Wie halten wir es mit dem verkaufsoffenen Sonntag? Die Antwort auf diese Frage gibt auch Auskunft darüber, wie es diese Gesellschaft mit einem hohen gemeinschafts- und kulturstiftenden Erbgut hält. Sonntagsruhe hat gewiss nicht nur mit Sonntagsheiligung zu tun, doch umgekehrt gilt dies schon.

Wir dürfen uns nicht wundern, dass in einer Zeit der zunehmenden Kommerzialisierung aller Lebensbereiche die Verteidigungslinien immer enger werden. Die Auseinandersetzung um den verkaufsoffenen oder verkaufsfreien Sonntag ist nur ein Symptom, die Grundfrage reicht tiefer: Ist uns überhaupt noch etwas heilig?

Ich erinnere mich an eine Geschichte, die uns in der Volksschule von unserem alten Pfarrer erzählt wurde: Zurzeit der Französischen Revolution oder zurzeit der Pariser Kommune hat es eine Überlegung gegeben, den Sonntag als Ruhetag abzuschaffen, weil die Bauern dachten, so ihre Arbeitszeit verlängern zu können. Doch die Ochsen haben nicht mitgespielt. Sie sind am Sonntag liegen geblieben und haben sich, an den Ruhetag gewöhnt, nicht anspannen lassen. Und trotz aller Mühe blieben die Bauern in ihrem Ochsenstall erfolglos. Die Moral von der Geschichte:

Die Ochsen haben Paris gerettet! Der Sonntag wurde kein genereller Arbeitstag!

Wo um Himmels Willen, so möchte man fragen, sind bei uns bloß die Ochsen, die uns den Sonntag retten helfen?

So witzig das Beispiel auch sein mag: Bei der Frage der Rangordnung der Werte geht es um die Grundfrage nach der humanen Zukunft unserer Gesellschaft, und damit um die Menschenwürde schlechthin. »Nur durch die kulturelle Rückbindung lasse sich etwa das zentrale Bekenntnis des Grundgesetzes zur Unantastbarkeit der Menschenwürde verlässlich aufrecht erhalten«, wird Professor Paul Kirchhof am 30. 9. 1999 in der FAZ zitiert. Er hat dort gesprochen von der gegenseitigen Angewiesenheit von Religion und Verfassung aufeinander und wörtlich: »Religionsmut ist Verfassungsmut, Religionsängstlichkeit ist Verfassungsängstlichkeit.«

Religiöser Glaube bleibt nicht intern. Er schließt »Weltliches« ein, er leitet Konsequenzen für das soziale Verhalten ab.

Die Bereiche von Staat und Kirche, von Politik und Religion oder Weltanschauung sind abgegrenzt voneinander nach den Zwecken, aber nicht nach den Gegenständen. Dem entspricht die Tradition unserer Verfassung, die prinzipielle Trennung nicht feindselig auszugestalten, sondern kooperativ und freundschaftlich. Und überall, wo sich die Tätigkeitsbereiche von Staat und Kirche berühren oder überschneiden, erfordert gerade das Prinzip der Neutralität Berücksichtigung der jeweiligen Eigenständigkeit und also auch eine Mitwirkung der Kirchen und Religionsgemeinschaften in solchen Fragen, die ihre Inhalte betreffen.

Über Religion muss auch im weltanschaulich neutralen Staat authentisch, also in Kenntnis des religiösen Bekenntnisses oder über Weltanschauung in Kenntnis ihres jeweiligen Selbstverständnisses, gesprochen werden.

Andererseits gibt es auch ein genuines Interesse des modernen Staates, ein beziehungsloses Nebeneinander von öffentlichen und religiösen Bereichen zu verhindern. Religionen und Weltanschauungsgemeinschaften stehen oft in der Gefahr der Introvertiertheit. Es ist richtig und notwendig, immer wieder daran zu erinnern, dass auch die Kirchen und Religionsgemeinschaften unter den Bedingungen des für alle geltenden Gesetzes und unter den Bedingungen der Verfassung leben und wirken.

Hier ist in Erinnerung zu rufen, wie viel unser Land und das gesellschaftliche Leben der Bereitschaft der christlichen Kirchen verdanken, sich in gemeinwohlbezogene Aufgaben einbeziehen zu lassen, sich an der Diskussion um das Gemeinwohl mit einer eigenständigen Sozialethik zu beteiligen und aus den Bereichen des religiös gestalteten Lebens heraus Dienste für soziale und bildungsbezogene Aufgaben in unserer Gesellschaft zu entwickeln.

Wer Gespür hat für Entwicklungen, der kann nicht daran vorbeisehen, dass, möglicherweise noch verstärkt durch die Jahrhundertwende, die von vielen auch als Zeitenwende empfunden wird, wir mitten in einem gewaltigen Umbruch stehen. Das hat gewiss auch zu tun mit den weltwirtschaftlichen Veränderungen, und der Begriff der Globalisierung ist ja zu einem Inbegriff dieser in Ausmaß und Tempo unerhörten Veränderung geworden.

Ebenso wenig ist zu übersehen, dass viele dieser Entwicklung ratlos, voller Befürchtungen und Ängste gegenüberstehen.

So ist es auch nur verständlich, dass in vielen Bereichen des Lebens nach Halt, nach ethischer Orientierung gesucht wird. Vielleicht wächst auch das Bewusstsein dafür, dass die Individualisierung von Lebensstilen, die gewiss zu einem Zugewinn von Freiheit geführt hat, vielleicht auch nur von Freiheitsempfinden, die letzte Antwort nicht ist und zumindest der sozialen Ergänzung bedarf.

Welche Antwort gibt die Kirche auf diese Fragen, die natürlich zu allererst Sinnfragen sind, die aber zugleich für den Zustand des Gemeinwesens von unerhörter Brisanz sind.

Der Staat kann diese Antworten nicht geben. Aber er kann und muss Rahmen und Grundlage dafür schaffen, dass Antworten möglich sind. Vor allem aber hat er sich dort zurückzuhalten, wo es um letzte Dinge geht. So will es schließlich auch unsere Verfassung, für die wir dankbar sein können, mehr noch: Die in Bezug auf die Regelung des Verhältnisses von Staat und Kirche ein Glücksfall ist.